600張 存股達人絕活全公開

股息

C$over 照顧

我每一天

大俠武林◎著

Contents 目錄

第2章 設定進場策略

Contents 目錄

買股票的帳單
就該由現金股利支付

　　大俠武林的操作手法其實很簡單，就是追著主力買，主力買啥，他就跟著買啥。你可能會覺得大俠武林是短線投機者，其實他是長期投資者。一般短線投機者喜歡追著主力買股票，特別是追著外資買。但你要是問他跟著哪個外資買？美林？還是花旗呢？這群散戶肯定回答不出來，散戶只是追逐著自己幻想中的主力買股票而已，既不是美林，也不是花旗，更不是外資，單純是自己的幻想而已。

　　大俠武林可以很明確地告訴你，他追逐的主力就是財政部、元大台灣50（0050）、元大高股息（0056）、勞動基金、中華郵政基金。這些資金的規模，少則數百億元，多則數千億元，貨真價實的主力。跟著主力炒股最大的好處就是，公司如果有什麼風吹草動，主力會替我們處理。我們只要看著財政部、元大台灣50、元大高股息、勞動基金定期公布的持股報告書，

就可以輕鬆了解公司的好壞。「春江水暖鴨先知」，就讓這群主力鴨，替我們探測公司經營的好壞，大家安心地在春江游泳就好。

像兆豐金（2886）這家公司，有很多專業經理人經營，輪不到你這個散戶替公司煩惱未來。金融是不滅的產業，歷史悠久，長達 3,000 年。或許未來金融業的利潤會減少，但絕對不會消滅。投資這麼安心的公司，你還有啥好擔心的，每天安心上班就可以了。

很多人總是看著線圖，就覺得這家公司很好，然後買進。如果線圖那麼有用，台灣每個股市名師都是世界首富了，還需要浪費時間教學生看線圖，每天努力開課，搞訂閱賺錢嗎？看線圖是賺不到錢的，至少教你看線圖的那位老師，無法靠看線圖賺到足夠的生活費，你這位學生就更別提了。

炒股的話，你只要投資 400 萬元，就可以每年領 5% 現金股利，也就是 20 萬元。20 萬元看來很少，但你切成 250 份（1 年大約是 250 個交易日），每份 800 元，就可以讓你每天有 800 元買零股了。買股票的帳單，就該由股票的現金股利來支付；養頭牛，就可以天天擠新鮮牛奶喝了。

如果你的現金股利有 30 萬元（本金 600 萬元），你除了每個交易日投資 800 元股票，每個假日還能點份 800 元～ 1,000 元的牛排來吃，「用股息 Cover 你生活的每一天」。如果你的現金股利有 60 萬元（本金 1,200 萬元），你還可以每年儲蓄 30 萬元，等股市大跌時一舉投入，買更多的股票，領更多的現金股利，賺更多的錢。

　　大俠今年才 36 歲，資產就已經超越 2,000 萬元，真是英雄出少年。我 36 歲時，還在爆肝當急診醫師，資產也不過千萬元而已，相信大俠日後的成就，必定能遠遠超越我。

股市肥羊

翁建原

自序 | 36 歲存到 600 張兆豐金

　　說真的，一開始談到一本書約要寫個 8 萬字時，我當時愣了一下，心想談長期投資哪需要這麼多字？不過就是在好公司落難時「雪中送炭」，布局完就以逸待勞，不忙進忙出；等市場恢復後，身為股東的我們自然就輕鬆躺著賺。

　　投資就這樣講完了。

　　不過，真的在寫投資金融股的心態及方法的時候，才發現其實在選股、找股性週期、資金控管、遇到市場回檔時的心態，這些議題看似很簡單，卻又有無盡的想法想跟讀者分享，不知不覺也寫到了 8 萬字。

　　很多投資朋友是從「大俠武林」FB 粉絲專頁認識我的，也以為大俠只投資一檔兆豐金（2886）。趁這次寫書的機會，

就來簡單說明一下我的工作和投資狀況。大俠的本業是工程師，攻讀碩士二年級時，暫時放下研究所學業，與朋友合夥創業從事教育軟體開發；大約接近 30 歲的時候，靠著本業收入，已經累積到一筆不小的資金。但是大俠認為，人隨時都要有備用方案，除了本業薪水的累積，也要將存下來的這些現金銀彈拿去投資；透過投資績優好公司的方式，不僅能放大資產市值，還能持續獲得穩定的股息收入。

捨棄短期做價差，長期持有績優股

剛開始大俠是買元大台灣 50（0050）和台積電（2330）做價差，每個月大約能賺到 10 萬～ 15 萬元。不過大俠後來發現，這種買低賣高的方式短期會賺錢，長期來看卻不見得會賺更多；尤其對於這種長期會上漲的股票，賣出後往往又得花更高的錢再買回來。

比方說買在 200 元，270 元賣掉，短期獲利 35% 已經不錯了，但是原本明明可以持有 10 張台積電，獲利了結後，它並沒有跌到更低的價位讓我買回來，而是開始上漲。等它漲破 300 元，想再接回來時，同樣的資金卻只買得起 9 張；如果還是想擁有 10 張，就得花更多錢。

大俠發現低買高賣並不是股票唯一的獲利方法，經過不斷地做功課，認識了長期投資存金融股這個方法。研究過後，選擇了官股金控兆豐金作為主要投資標的。

2020 年股災大買兆豐金，存股進度超前

大俠用分批進場的方式逐漸買進兆豐金股票，2019 年的時候已經存到了 200 多張，我對自己的期望是「365 張，股息Cover 我每一天。」對我來說，存股的意義就是希望每年能穩定領到股息，然後股息能穩穩地 Cover 自己每一年每一天。

存股最棒的事情，就是能跟志同道合的投資朋友一起存，不用擔心抬別人轎子，也不用擔心被誰倒貨，人與人之間更是不用互相猜忌，因為我們一起存、一起買，一起變得愈來愈有錢。

2020 年 3 月，發生了新冠肺炎疫情引起的股災，大盤從農曆年後跌了將近 30%，兆豐金也跌了 19%，從 32 元以上最低跌到 26.2 元，所以我開始啟動「不定期不定額」計畫，很快地將兆豐金湊足了 500 張，領到了大約 83 萬元現金股利。而除息之後，又趁著股價還在貼息的時候繼續買，2021 年大俠參加除息的兆豐金張數正式達到 600 張。

很多人都好奇大俠為什麼敢重壓兆豐金？要怎麼知道該在什麼時間買股票？官股銀行踩雷事件三番兩次發生，難道不擔心股價大跌、獲利縮水，甚至配不出股息嗎？

在這裡要特別強調，不管是 FB 粉絲專頁或是寫書，大俠想分享的是長期投資的心態與做法，大俠只是藉由兆豐金來談論長期投資，並非單壓，也不是推薦大家只能買此檔股票。大俠認為，專心談一檔，可以清楚傳達當長期投資處於優勢或劣勢時，我們長期投資者該如何面對以及處理；只談一檔，也是避免談論多檔股票容易陷入人性的好大喜功，也不會出現哪檔表現好就談哪檔，而某一檔表現不好就避而不談的行為。

大俠一直認為，要談就要談得專心，要談就要談得出東西。選定一檔值得長期投資的股票當作範例，「從山頂風光談到谷底蓄勢待發」，陪大家完成一次又一次的微笑曲線。

這本書裡我主要會談以下主題：

1. 兆豐金存股

不囉嗦！首先就會分享大俠為什麼會鎖定兆豐金作為存股主力，也會詳細分享如何掌握投資兆豐金的股性週期。

長期投資要能實際感受到成果，就得持續買進、壯大股票部位，參與完整報酬。所以了解這檔股票的股性週期就很重要。

股性指的是股價的慣性，也就是它的股價變動規律。像兆豐金這樣穩健經營的官股金控，按照過去的經驗，如果沒有發生股災或其他特殊事件，每年1月初或4月都各會有一波上漲機會，觀察重點就在「年度累積每股盈餘（EPS）是否有超越去年同期」：

1. 如果有，則代表很有可能會在明年1月初開始起漲。
2. 如果否，則代表很有可能會在明年4月才開始起漲。

因為每年1月初就會知道金控公司的自結獲利，而4月初則會看到公司去年度的全年合併財報數字；當獲利優於去年同期，通常就會帶動股價上漲。到了4月底，公司宣布股利時，也會正式啟動除息前的上漲行情。

以上只是兆豐金股性其中一項特色，大俠會在本書中詳細說明，兆豐金一年當中大約在什麼時候會發生什麼事，這樣就能知道該在什麼時候取得哪些資訊，從而判斷該做什麼行動；像這樣掌握股性週期，就能靠自己判斷適合買進的價位。

例如兆豐金每年大約是在 4 月份開董事會公布股利、8 月除權息、9 月發放股利。接下來就要等到隔年才能領到下一次的股利，但是投資人可以先在每年 12 月初，觀察財政部的預算書（可知道官股金控預定要上繳多少股息），即可大致推測隔年該個股可能發放的現金股利數字；有了推測的數字，就能夠去推估適合買進的股價。

到了隔年 1 月初想計算合理股價時，可再根據公司自結的全年 EPS 推測股利，再來就坐等 4 月董事會正式宣布股利了。

一不小心就快要把兆豐金的股性週期精華講完了。相信你看完了這個主題，就會明白大俠為什麼對這檔股票如此有信心？為什麼總是能參與這麼多次兆豐金的股價微笑曲線？

2. 資金控管

當我們選好了股票，也掌握了一檔股票的股性週期，再來就要知道如何在週期內使用「資金控管」來分批進場。從投資一開始就要知道資金控管的重要性，通常恐慌來臨時沒錢加碼的人，都是在一開始就沒做好控管。

那麼，要分幾批？定期定額買還是大跌再買？大俠主要採用

「不定期不定額」以及「定期定額」，然後一路買到領股息；領到股息後繼續採用「不定期不定額」買進。

不定期不定額進場計畫適用於連續恐慌時期，定期定額進場計畫適合在多頭格局。大俠兩者都使用，因為再好的公司，唯有搭配適當的資金控管，才能有效建立部位，長期投資才能輕鬆簡單獲利；還能避免股災沒錢加碼、資金集中在股價相對高點買進，導致股價回檔就半途而廢的悲劇。

3. 投資心理

「不懂的東西不要碰」這句話應該要在進行交易前就要一直提醒自己，自己買進的原因到底是什麼？是想要賭一把？還是長期投資？確定要長期投資之前有沒有做到長期研究？

長期投資，其實就是長期研究，一檔股票沒研究個3、5年以上，把大大小小的事情、新聞、法說會、股東會看個透徹，看個明白，怎麼敢在股價連續下跌時進場買出微笑曲線呢？

很多人就算選對了股票，一開始也真的有心存股，卻在公司遇到突發利空，或市場全面性的股災導致股價大跌時恐慌殺出，使存股計畫功虧一簣。

大俠將用過去的經驗告訴你，該怎麼面對這些利空和股災，如何在股災中看穿一切，然後利用「不定期不定額」及「定期定額」的資金分配技巧，配合「漲看戲，跌買進」的心態做長遠的布局。

大俠寫這本書最主要的目的，就是幫助也想長期投資的讀者，不僅要了解如何掌握股票的股性週期，更要透過適當的資金控管，買出每一道微笑曲線。

我們長期投資人能抱到大獲利的方法，並不是依靠頻繁交易，這本書中也不是在教你如何賺走別人的錢，而是在講長期投資是要去賺公司的獲利，和所有股東共同獲得長期且完整的市場報酬。

投資，只要不去追求極致的報酬，只要追求穩穩的大盤報酬，就不需要常常換招數以及炫技。

專注於一件事情，然後把一招一式練到極致，再來觸類旁通。畢竟只有幾百萬、幾千萬元的資產在股市，專心研究幾檔基本面良好，以及 10 大股東靠得住的公司，弄清楚股性，分配好資金在回檔時布局；這樣比起費神費時研究眾多無從掌握

籌碼的陌生個股，獲利的機會要高得很多。

也可以說，我們是犧牲大多數看盤研究的時間，來換取一個比較穩定的獲利方程式；既然已經有了穩定的獲利方程式，剩下來要努力的就是「本金大小」。

所以一切又回歸到大俠一直在談的「專注本業」，將本業收入放大，升官加薪，才能讓自己的投資人生，進入正循環當中。

大俠時常提醒「專注本業，累積本金」的重要性，因為只追求穩穩報酬，配上大資金，這樣整體市值才會上升得快。

簡單的賺錢方法重複做

其實整本書有一大部分都是在講心態跟格局，而且搞不好同樣的觀念會一直重複看到，也會一直看到大俠「輕輕鬆鬆簡簡單單」的口頭禪；你會發現本書沒有任何的艱深技巧，簡單到讓你覺得不可思議。

投資就是這樣，能讓人賺錢最簡單的方法，就是要不斷用重複的方式，踏踏實實地把錢賺進口袋。投資如果不能輕輕鬆鬆

簡簡單單，反倒要用一大堆複雜的方法，那肯定會搞死人，而且還不一定能賺大錢。

複雜的技術屬於專業操盤手該做的事情；如果你不是一天可以盯盤並研究盤面 16 小時以上的專業投資人，或是你只想成為每天喝著下午茶的投資者，這本書絕對適合你。

大俠可以大膽的說，這本書沒有要教你什麼了不起的知識，也沒有要做財報教學，沒什麼引經據典，沒什麼偉人傳記，不會拿大量的圖表來充斥版面，也不會用數頁的篇幅教你網路上就可以查到的公式；全書只會根據實際對帳單來說明大俠投資實戰的心得，以及合理獲利的法則。

而且大俠相信，只要有按照大俠建議的資金控管方式來進場投資以及選股，參加了 3 年除息並且用股息再次買入；我敢說，至今用大俠的方式來投資兆豐金，沒有任何人是虧錢的。

如果你是一個理財新手，讀到這本書的時候，想要開始投資金融股，那你可以在 8 月除息之後再開始投資，因為這時候正是 4 大官股金控除息旺季，而新手因為心態未建立周全，還不那麼懂得除息的正循環，所以大俠才這樣建議。

畢竟許多人都說自己要長期持有 10 年，但一看到股價回檔馬上又改口了。所以說啊，大俠才會建議你從除息之後開始，一開始先別太瞧得起自己。

　　心態先慢慢磨，對於長期投資才是件好事。

　　投資嘛，不過就是：
　　專注本業，閒錢投資；
　　資金控管，分批進場；
　　選好公司，雪中送炭；
　　以逸待勞，躺著數鈔。

　　如果看完這本書還覺得不夠清楚，歡迎上我的 FB 粉絲專頁來與我互動，上面有完整投資脈絡、完整成交紀錄單，說明我一步一腳印的存股歷程。

第1章

打穩投資基礎

1-1 | 選股前確認 3 要素 才敢重壓單一個股

買股票卻要時刻盯盤？不能讓我睡好覺，那打從一開始就不應該買它！正所謂「疑股不存，存股不疑。」

大俠的選股觀念一直都是看人，而不是單純只看財報；要去看背後的 10 大股東有誰，有沒有基金長期持有它，然後找出 3 大角色「監督者、既得利益者以及施惠者」。

所以大俠的想法很簡單，只要找到有誰能搞定公司？有誰能穩住公司營運？有誰能有效監督，以及有誰能在市場環境不好時，給公司在體質上的轉機能力？找出這些，然後投資它。

因為財報再好的公司，它只要想在裡頭亂搞，我想一般的投資人肯定看不出來，所以不如一開始就找出，哪些公司的 10 大股東，能對公司本身做到有效監督。

做長期投資的選股有 3 要素：

第 1，10 大股東有誰？

公司持股占比最高的 10 大股東中有沒有財政部？有的話，還可以提早透過財政部的預算書得知股息預估上繳金額。10 大股東裡，要包含「既得利益者」、「施惠者」以及「監督者」。

第 2，股災後公司的轉機能力？

公司遇到股災時的穩定度為何？具有調整體質的能力，才能讓投資者買出一條微笑曲線。

第 3，各大 ETF 及政府基金的涵蓋度？

這檔股票被哪些 ETF 長期持有？有沒有政府基金如勞動基金、台大校務基金，甚至其他國家的主權基金長期投資該檔股票？透過各大基金操盤團隊的研究，借力使力找出適合長期投資的標的。

要素 1》10 大股東有誰？

長期投資一家公司最重要的是看經營者以及股東是誰，我會挑上兆豐金（2886），首要原因就是它是台灣 8 大官股行庫

表1 兆豐金為台灣8大官股行庫之一
──8大官股行庫

類型	股票名稱（股號）
上市金控股	兆豐金（2886） 第一金（2892） 華南金（2880） 合庫金（5880）
上市銀行股	彰　銀（2801） 臺企銀（2834）
政府100%持有	臺灣銀行（未上市） 土地銀行（未上市）

之一（詳見表1），也就是有政府單位擔任大股東。

　　兆豐金10大股東當中，最大的股東就是財政部，其他跟政府單位有關的還有行政院國發基金、財政部100%持有的臺灣銀行以及中華郵政、勞動基金當中的新制勞工退休基金，另外有4家大型壽險公司也是大股東（詳見表2）。由於這10大股東都是長期持有兆豐金來領股息的，散戶自然就可以安心投資。

　　其實長期投資好公司，就是不需要做無謂的煩惱，什麼市場

表2 兆豐金10大股東多為政府單位及壽險公司
——兆豐金（2886）10大股東

股東	持股張數（張）	持股比率（%）	表決權比率（%）
財政部	1,143,044	8.40	9.37
行政院國發基金	830,973	6.11	6.81
中華郵政	490,779	3.61	4.02
國泰人壽	386,778	2.84	3.17
富邦人壽	365,679	2.69	3.00
臺灣銀行	334,951	2.46	2.75
台灣人壽	283,201	2.08	2.32
中國人壽	281,788	2.07	2.31
新制勞工退休基金	224,674	1.65	1.84
寶成（9904）	191,730	1.41	1.57

註：1. 資料日期為2021.04.26；2. 持股張數四捨五入至個位數
資料來源：兆豐金控

風雨、財報利空、股息問題，就交給這10大股東巨戶以及公司經營者來煩惱吧！

政府》同時身兼3大角色

　　大俠看重的就是兆豐金的10大股東裡，同時有財政部、行

政院、勞退基金以及各大壽險公司；它們扮演著缺一不可的 3 大角色，那就是「施惠者」、「既得利益者」及「監督者」。

舉個例子來說，政府就同時身兼 3 大角色。2020 年兆豐金為了要配合政府的紓困等政策，導致本身獲利受到影響，不僅每股盈餘（EPS）較前一年度衰退，更使得 2021 年宣布發放的股息不如以往，所以第 1 步就會影響到「既得利益者」財政部。

此時政府的「施惠者」功用就出來了，政府會對國家的特許產業「金控股」伸出援手，尤其是最聽政府話的兆豐金，因此幫忙它在國際業務的拓點開路（例如兆豐金持續進行新南向的拓點，包括 2021 年上半年的緬甸、柬埔寨等），增加其營收，也加快了其轉機能力。

而政府同時也是「監督者」，行政院金管會是金融機構的主管機關，會去監督兆豐金本身的體質有沒有強健到可以在任何市場風險中穩住；畢竟包含兆豐金在內的官股金控是上繳國庫的重要財務來源，所以自然就得擁有非常深厚的穩定度。

所以有這 3 大角色在 10 大股東裡頭，我們身為小散戶，

只要緊盯大戶的動向就好。

基本上，我們選兆豐金來做長期投資，真的不用把自己看得太高；要知道，身為小散戶的我們意見根本不重要，人家幾百萬張大股東的想法才重要。

如果當真遇上不發股息的事件，對這些持有 400 多萬張的 10 大股東影響比較深？還是我們這種幾百張、幾十張的影響比較深？

想明白這些道理，就會知道為什麼大俠一直在強調專注本業的重要性，因為唯有本業才是自己所能掌握的事情。一直去找明牌來投資，想研究公司財報又學不會，搞得自己神經兮兮，老是想要進進出出；結果出場後市場一個拉抬，就讓自己獲利了結的資金買不回當初的張數，造成張數的減損，這樣對長期投資有利嗎？

所以，還不如好好花時間來加強自己的專業技能，去賺更多的錢，將目標放在增加持股張數。身為兆豐金小散戶的我們，唯一能牢牢掌握的是每月進帳的薪水，其他的擔憂就交給大股東去盯公司，交給金管會去監督，交給兆豐金公司的專業經營

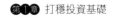

者去擔憂，這才是最實在的事情。

就好比你要投資台積電（2330）或大立光（3008），絕對不要把自己的想法跟判斷放得太高，要知道小散戶的高度，絕對高不過台積電經營者以及大立光的執行長林恩平，如果他們都說要擴大研發資本支出以及擴廠了，你還需要相信外部人跟你講的東西？

長期投資一家公司是要看經營者是誰，以及股東有誰？完全不是看新聞，更不是看技術線型，除非你是要投機。而大俠只要確定自己有投資好公司，有買到好資產，有獲得足夠的現金流，那就去過「寒冬睡到飽，暖陽曬到飽」的悠閒生活囉！

財政部》兆豐金股息上繳國庫，為既得利益者

財政部直接持股兆豐金 8.4%，兆豐金 2021 年度預估要上繳獲利 18 億 6,000 萬元，這塊就是大俠說的「既得利益」。

8.4% 的占比其實不是太高，但是為什麼大俠這樣看重財政部的持股？其中一個主因是，兆豐金既然是財政部的持股，我們就能提前從財政部預算書預先得知，官股金控隔年大約要上繳多少獲利給國庫（查詢方法詳見 1-3）。

一般來說，兆豐金的股息會在每年的 4 月底正式公布，也就是董事會召開決議後，才會公布股息。稍微細心有做整年獲利紀錄的投資者，可以提前在 1 月初，用剛出爐的 12 月公司自結盈餘統整全年的 EPS；然後從歷年的盈餘分配率來推出股息，再根據歷年的平均現金殖利率，反推在除息前，股價在多少以內才較為合理。

但是其實在更早，也就是上一年度的 12 月初左右，就可以在財政部的預算書裡頭看到，隔年兆豐金預定要上繳國庫多少的股息，我們即可再根據財政部持有的股數去推算兆豐金可能發放的股息。

如此一來，不就可以早其他人好幾步做布局嗎？而且，還可以利用 12 月外資賣壓結帳去過耶誕節的那週，順手接走一批便宜的官股金控。

不只是兆豐金，根據財政部所編列的預算，可以得知 8 大官股行庫合計要上繳多少獲利給國庫。而且，也因為背負著這個上繳國庫的責任，8 大官股行庫就算是獲利稍微縮水，也可以透過拉高盈餘分配率的方式，來達成財政部所編列預算繳庫的盈餘目標。

　　因為官股行庫早已成為財政部編列預算上繳國庫財務結構的一部分，那麼在這個環節中，自然就會有身家幾千億元的股東巨戶去盯著公司，包括政府、壽險公司等，而這些巨戶們也才真的有實力去處理公司結構上的問題。

　　像我們這種只持有市值幾百萬、幾千萬元股票的小散戶（資產沒幾十個億，都算是小散戶），老老實實地買，務務實實地存，才是我們唯一該做的事情。

　　因為任憑小散戶再會推測，管你拿 A4 紙還是全開計算紙算，算盡歷屆本益比、歷屆股息，最終還是抵不過政府一句話。我們還是乖乖跟著既得利益者，因為它們會負責讓公司營運維持穩定並且「關心」配息這塊。

　　所以咱們做好分內事，核心問題就交給財產幾千億元的大戶去喬；更要記得，千萬不要跟能印鈔票的單位對作。看懂人性，看透在此環節中誰是既得利益者，就能明白「股場即是人性」。

勞動基金》追求長期穩健獲利，為穩定籌碼來源

　　勞動基金管理的是攸關勞工權益的基金，例如勞工保險基金、新舊制勞工退休基金等；投資方面以穩定的長期獲利為前

提，會以殖利率好、流通性佳、具備產業未來展望性等要素作為選擇投資標的參考，投資布局上就會偏向大型權值股。所以在 10 大股東裡頭，這種長期投資的基金愈多，長期籌碼愈是穩定。

每當有人問起，為何我敢放心長期投資兆豐金？大俠通常回：「你應該先去思考，為什麼這 10 大股東願意長期持有兆豐金？」只要換位思考，用大戶的眼光來判斷，就更能得到全方位的答案。

要素 2》股災後公司的轉機能力？

基本上，股災後公司的轉機能力，決定股價能否打出一條微笑曲線。因為好公司難免會遇到市場環境變化，導致股價被大戶賣超而下跌。

但只要是好公司，就會擁有良好的調整獲利結構能力，在谷底時能夠反轉，我們小資族就可以趁機做長期的築底布局，然後買出一條微笑曲線。

2020 年兆豐金就發生過兩次標準的微笑曲線。2020 年 3

月，兆豐金股價從 33 元被打到 26.2 元後回升，差點跌破當時的 4 年均線；同年除息後的 10 月，股價又從 32 元被打到 27 元，然後花半年時間又重回 30 元以上。

兆豐金的股價之所以能夠恢復，是在於本身獲利的轉機能力，其中也有一部分原因，是來自 10 大股東裡頭有「施惠者」的存在。

兆豐金因為 2020 年疫情影響、市場因降息走向低利環境，使得公司營收不如以往。但是因為金控在台灣屬於特許行業，財政部也需要靠這些官股金控上繳獲利來維持財稅結構，當官股金控受難，政府會大力幫助它們在各國拓點開路。

當 10 大股東裡頭的既得利益者跟施惠者是同一方，就會產生這種轉機能力強的效果。也就是自家人過得好，我也會過得好；自家人過不好，我得要幫忙自家人一把。

所以投資一家公司，就是要明白在 10 大股東裡頭哪些是「施惠者」、「既得利益者」以及「監督者」，這樣才更有把握找出禁得起長期考驗、有大人撐腰、市值夠大，以及穩定配息的股票。

要素 3》各大 ETF 及政府基金的涵蓋度？

老實講，我們身為小散戶的分析能力就是有限，而且像我們平常還要上班，也不是專業的操盤手，甚至連財報都沒什麼時間去做大量研究的普通人，想要做好長期投資，最好的方式就是從各大 ETF 及政府基金去選股！

精力放在本業上，就別太把股票放在第 1 位。因為專注本業再搭配務實投資好公司，以長期來說，搞不好整體報酬還大勝只專注投資但忽略本業的人。

所以對於沒什麼時間來看盤、研究的小散戶們，靠自己投資選股的風險實在是非常高，我們可以嘗試從各大 ETF 或是政府基金中，看看它們持股清單中有哪些好股票，來找到值得自己長期投資的好公司。

大俠建議可先從元大台灣 50（0050）、元大高股息（0056）、台大校務基金、中華郵政持股、勞動基金（勞工保險基金、新制及舊制勞退基金）持股當中尋找，例如兆豐金就同時是 0050、0056 的成分股，也在勞動基金及台大校務基金的持股明細當中。

上述這些清單從網路上搜尋就可以找到了，投資人可以看看有哪些標的被長期持有；未來大可不必再去求明牌，靠自己也能從這些國家級資金的持有清單中，篩選出數十檔清單，再逐一精簡，鎖定標的後，進行長期投資。

為什麼這些成分股會有一定的可靠性呢？因為這些大型基金為了要發揮出國家級資金的效率，所以會透過專業的人士，來去做整體的投資分析與規畫。

另外，長期投資者還可以留意各大壽險公司的持股，因為壽險公司為了要支付未來可能的退休金或是保險金的需求，所以更在乎投資的資產孳息是否能帶來長期穩定的收益；透過各大壽險公司的篩選，我們就可以輕輕鬆鬆過濾出值得長期持有的股票。

具備 2 優勢，兆豐金適合長期投資

接下來，讓大俠再補充 2 個兆豐金的優勢：

1. 為「大到不能倒」的系統性重要銀行成員之一

金管會在 2019 年～ 2020 年分別點名了 6 家「大到不能

倒」的系統性重要銀行（D-SIBs），分別是中國信託、國泰世華、台北富邦、兆豐銀行、合作金庫及第一銀行。

　　「大到不能倒」的系統性重要銀行，最主要的意思，不是指無論捅出再大的樓子，政府一定會硬著頭皮出手相救；而是在說，透過金管會針對系統性銀行的嚴格資本要求，採取強化監督措施，讓銀行在危機發生時可以擁有自救及戰勝市場風險的能力，並且也不會波及到財稅結構及市場的穩定，更不會動用到納稅人的錢。

　　強調資本、永續經營，就是要厚實資本。所以只要被點名為「大到不能倒」的系統性重要銀行，必須提出處分資產自救等經營危機應變措施，以詳細提供銀行如果發生資本不足時，該如何自救、該處分哪些資產種種可行的做法。金管會更要求這些銀行，必須額外增提「法定資本」及「內部管理資本」各 2 個百分點，也就是合計提升 4 個百分點（詳見註 1），以達到強化體質目的。

　　這些嚴格的措施，都是希望這幾家銀行，能夠強化身為系統性重要銀行的市場震盪風險控制以及承擔的能力；而政府提供給這些銀行的糖果，就是相關業務有加速通關之禮遇。

　　也因此，「大到不能倒」不是指股價不會跌，而是銀行只要大到一定程度，政府跟金管會有效做到嚴密監管、強化體質及深耕國際市場布局，讓其能夠獨當一面，強到倒不了，成為真正的「不能倒」。投資這樣的股票，也省去我們身為股東還要勞心費神去鑽研財報的蛛絲馬跡，擔心公司假帳問題。

　　符合系統性重要銀行的條件，除了代表內控機制完善，同時也說明了資本雄厚，以及處理風險能力也較強，對於投資人來說，正是多了一道護城河。

　　由於兆豐銀行為系統性重要銀行之一，所以會由風控單位來依照對系統性銀行的要求，進行壓力測試，確保財務強度、財務體質及各項指標都能維持穩健。同時，兆豐金也是財政部持有的官股金控，身負上繳國庫的責任，政府在監管自家金控的功夫絕對不會少，畢竟沒人會亂搞自己的財庫。

註 1：由於銀行的營運模式是收取存款，並進行放款，通常負債會高於資本，如果資本過低，容易產生營運風險。為監督銀行的資本安全性，金管會要求一般銀行在「普通股權益比率」、「第一類資本比率」及「資本適足率」等資本比率，最低要達到 7%、8.5% 及 10.5%；若為系統性重要銀行，則需增提法定資本及內部管理資本各 2 個百分點，使上述 3 種資本比率分別達到 11%、12.5% 及 14.5% 的要求，可從被指定的次年起分 4 年提列。

2. 官股金控得以「績效遞延」

這裡再補充一點官股金控的特色，那就是為官之道的特點「績效遞延」。為官總是求仕途順利，業績就得穩穩地往上。如果今年賺得好，那麼獲利就多預備一點；如果明年獲利不如今年的話，可以將備用的獲利補至明年，盡量做到「累積獲利每年穩穩向上」。就算股災來時一次提列呆帳，也不會提列過頭，畢竟還得維持老大哥的形象。

從股利配發的角度來看，官股金控當年度的獲利如果特別好、有多賺的，就會先保留一些，當年盈餘分配率就會降低，未雨綢繆先累積足夠的盈餘。如果隔年遇到非抗力的市場因素，導致年度績效不好，至少還有數年來累積的盈餘，可以完成股息上繳國庫之任務。

很多人不敢買官股的原因，最主要是官股裡頭有許多不為人知的帳及風險，尤其每次看到踩雷、呆帳的新聞，因為擔心股息縮水，都寧可敬而遠之。還有，在 2020 年底曾有政府要求銀行進行壓力測試，若資本適足率未達標準則要減發股息的新聞，引起不少散戶的恐慌。

這時候可以先想想，股息縮水對於那些大股東來說影響更

大！兆豐金是財政部、行政院、壽險、退休金,以及 0050、
0056 等 ETF 的重要持股,股息對它們來說都是財務結構中重
要的一環,它們不太可能隨時拍拍屁股走人。重要的財務來源
遇到問題,大股東絕對比我們更擔心,也只有它們才有能力出
手相助,尤其是財政部這個大股東,會盯著金控達成本身營運
目標,也會負起照顧大小股東的責任。所以我們這些散戶,以
後看到股息縮水、股息減發等新聞,可以專注去看那些大股東
的動向及官方立場,就可以提前得知一二。

也有不少人質疑,官股金控三不五時就發生一些踩雷的事
件,會不會是銀行管理有問題?要知道,官股金控得創造獲利
並上繳股息,同時也需承擔政策,有些雷還真的不得不踩。

還有人為了避免投資到可能因踩雷而受傷的銀行,特別去研
究備抵呆帳覆蓋率、資本適足率等指標,看哪家銀行的表現最
理想。然而投資官股金控,這些指標不是最大的重點,各大
ETF、政府單位、壽險公司等專業基金管理人肯定比我們還熟,
如果它們都敢長期持有,那散戶又有什麼好擔憂的呢?

反過來說,我們甚至可以利用「踩雷導致股價跌深,政府必
出手相助改善營運」的特性,在股價跌深時放膽進場,或是等

股價高漲時暫緩投資腳步，這就是利用官股特性的反向操作。

投資官股要反著看，保證比任何線型分析還好用。

專注本業、閒錢投資，把股東躺著賺的精神拿出來，去找可以把公司大小事搞得清楚的人來做事；我們既然都身為股東了，就要懂得借力使力，不要讓自己太過於操勞煩心。

透過以上的方法找到想要長期投資的標的之後，我們再做好資金上的配置，即可輕輕鬆鬆、簡簡單單地獲得長期且完整的市場報酬。

1-2 | 了解公司解決問題的能力 其餘交給經營階層煩惱

大概是因為 2008 年的金融海嘯,不少投資人對金融類股總是心有餘悸。不過如今已經是不同的時空背景了,就以目前台灣的金控公司來說,一旦受到環境因素所影響,它們本身就會去找出方式來調整其獲利結構,例如衝刺房貸、發行金融商品,以及調整金控子公司證券在投資上的資金比重。放款利差下降?那就加強消費金融的獲利。

以上這些是我們能主導的嗎?身為小散戶就要搞清楚公司到底有沒有能力解決市場環境不佳的問題。

遇市場難題時,優秀金控公司會另闢財源

我們身為股東,就是放心將公司交給公司經理人去煩惱營運和解決問題。

　　優質的金控公司一旦遇上了市場難題，舉凡儲蓄險無利可圖而掀起停賣潮、市場降息利差縮小、呆帳危機升高，一定會想盡辦法來開拓財源去賺錢。

　　就以國泰金（2882）來說，控有國泰人壽、國泰產險、國泰世華銀行、國泰投信、國泰證券……等多個金融事業體。過去，「儲蓄險」被視為具有儲蓄性質的商品，壽險保障很低，但因為持有到期就能保本賺利息，很受保守理財族群的歡迎。

　　不過，2020 年 7 月起，金管會開始實施「健全保險商品結構相關規範」，提高儲蓄險保單的壽險保障下限，使保單的儲蓄功能降低，再加上市場進入低利環境，壽險公司獲利空間大幅縮小，許多儲蓄險保單只能停賣，擁有壽險公司的國泰金自然也不例外。

　　但是國泰金腦筋動得很快，壽險事業的保單市場受阻，就另闢財源，也就是投信事業的指數股票型基金（ETF）。同樣是 2020 年 7 月，國泰投信發行了國泰永續高股息（00878），標榜每季配息 1 次，果然吸引了大批想要穩定領息的投資人申購。同年 12 月，再發行具有市場話題的國泰台灣 5G+（00881），以投資第 5 代行動通訊（5G）產業為主題，

並標榜半年配息 1 次。時隔半年，國泰投信再於 2021 年 7 月推出新的 ETF——國泰全球智能電動車（00893），雖然不配息，但此次鎖定的主題是當前熱門的電動車產業。

不得不佩服，國泰投信在這短短 1 年內推出的 3 檔 ETF，都相當對投資人的胃口，根據 2021 年 7 月 9 日的統計資料，這 3 檔國泰 ETF 的受益人數都超過 10 萬人，名列台灣受益人數最高的前 5 大 ETF；另外 2 檔則是歷史悠久的元大台灣 50（0050）以及元大高股息（0056）。所以一般投資者擔心金控在低利環境賺不到錢，真的是多慮了。

不管是保單或是 ETF，金融商品就是為了賺客戶的錢。而我比較喜歡當金控的股東，比去買銀行推出的金融商品，還更容易取得完整且長期的報酬。

在這裡也要提醒大家，現在不少 ETF 是標榜季配息，其實只不過是將早已經拿到手的基金成分股配息，經過整理計算後，再「延後」發放給受益者。

要知道，目前大部分的台灣上市櫃公司，股利的發放多是每年 1 次。如果真的喜歡季配息的感覺，你也可以將每年領 1

次的股息換算一下，切割為數份配給自己：

◎切 4 份就是季配息。

◎切 365 份就是天配息。

◎切 8,760 份，直接將股息換算成時薪配給自己。

所以懂了齁？金控真的很會行銷自家的金融商品，不要看到季配息就不做功課的買進。這就像是有些飲料店、餐廳的商品賣得特別貴，通常都是名字取得特別好聽而已，「地中海牡蠣風味義式紅醬蛋汁煎餅佐時蔬」，不過只是份蚵仔煎。

換個名字，噱頭一多，就能搞更高的價錢，收你更多的管理費。金控最強的就是行銷包裝、推銷金融商品；既然我們賺錢的能力比不過它們，那就認同它們、加入它們，買它們家的股票成為股東，一起享受它們賺來的錢就行了。

金控公司趁低利環境搶發債，降低資金成本

當市場降息，在低利的環境中，銀行能賺的利差跟著變小，會稍微影響到獲利，這也是許多人不喜歡投資金融類股的埋由。但是大俠常說，不要小看金控賺錢及財務操作的能力。

對於金控來說，低利影響力只會是暫時的，它們本身絕對不會放過低利的好機會；因為此時它們可以從市場上取得更多更便宜的中長期資金，以進行財務上的操作，例如趁利率處於低檔時，申請發債的額度。

金融機構申請發債的主要資金用途，不外乎就是提高資本、發放股利，以及營運上的短期資金需求等。此時取得的現金因利率低，也預期未來終究會升息，所以可趁機發個 3 年～ 5 年或時間更長的公司債，至少鎖住成本；或是舊有的債務到期，可以先發行利率更低的債去償還，以降低資金上的成本。

所以降息的確會在第一波影響金控的獲利，但同樣對於金控來說，在這樣的市場環境，取得的資金也同樣低利。

降息至多只會影響一陣子，等金控調整好獲利結構，並且利用低利環境取得好大一批便宜牛肉進場刷資本後，接下來就準備重返市場。

所以大俠才一直講，千萬不要過於擔心金控的生存問題，也不需高估自己的風險控管能力會超越它們；我們更應該將專注力放在「金控的地位」，別只因為短期營收減少、獲利未見成

長就瞧不起它或是賣超它。

　　每當公司遇上市場環境不佳，導致公司利潤下降、股價滑落之時，投資人不就更應該趁機趕緊進場做長期布局嗎？我們買股票，當公司股東，最主要是因為認同公司能夠化險為夷再創佳績，所以基本上只要護城河沒有消失，其他對於市場風險的煩惱，就交給公司管理階層來處理。因為我們大部分散戶可沒有專業經理人的金融知識，所以我們只要知道這家金控公司有沒有能力去解決危機，以及能幫我們持續錢滾錢就可以了。

　　莫忘，

銀行會利用低利來取得便宜資金，

股東要利用恐慌來取得便宜股票。

　　也許你會擔心台灣會發生 2008 年金融海嘯雷曼兄弟銀行倒閉的悲劇，但大俠要說，雷曼兄弟是投資型銀行，我國可沒有那種包山包海、包一堆連續未爆彈、垃圾債券的金控。

　　生命終究會自己找到生存的方式，尤其是經過金融海嘯的考驗還能存活的公司，自然對於危急事件上的處理，有更豐富的經驗；也能在調整獲利結構體質後，找出更適應市場的獲利方

程式。

別忘記銀行是合法的錢莊，它從我們所有人出生前就懂得吸金賺錢，我相信直到之後也是；況且，應該沒有任何人能不跟金控打交道。

總之，我們普通人真的不需要過多擔憂，將煩惱交給公司來處理；咱們是股東，買好股票做好長期投資的準備，接下來只要好好工作、睡覺、喝下午茶，等著領息躺著賺錢就對了。

1-3 | # 3 要點掌握股價慣性 作為分批進場依據

「這檔股票技術線型在完美的 KD 黃金交叉，整理完月線連 3 紅，MACD 以及 RSI 都完美到位！」啪地一聲大響，朋友敲了個百來張大單。我看著他螢幕小小聲地對他說：「如果這檔這麼好，那為什麼別人會賣給你？」

先了解個人獲利週期，以免混淆長短線操作

同樣一檔股票在同一天，有人看空同時也有人看多，為什麼？你會看技術線型，難道外資、大戶比你更不會看嗎？

「投資沒有標準答案，因為大家的獲利週期都不同。」

大俠認為，最主要的原因，是每個人想要做的獲利週期不一樣。有人因為短線上看空，所以他賣給長線看多的我們，這不

也是雙贏嗎？

所以身為長期投資者的我們，必須了解自己的獲利週期，才不會混淆長線跟短線的操作。

在 2021 年兆豐金（2886）還沒宣布股利之前，你如果常來大俠的臉書粉絲專頁，應該會常看到文章出現以下 3 種建議，以及各種進場週期：

1. 根據每股盈餘（EPS），兆豐金股息如果每股發 1.42 元現金股利，那麼股價 29 元以內算合理。

2. 按照上繳財政部預算，若是現金股利要發放 1.62 元，那麼股價 32 元以內算合理。

3. 按照兆豐金自己表示，現金股利 1.7 元也不是發不出來，那麼股價 34 元以內算合理。

3 種劇情，自行斟酌，覺得差不多就可以進場了。別忘記，2021 年兆豐金營收還能較去年成長 2 成，不趁股價被市場看衰的時候買，難道要等股價完全反映後才急著追高進場嗎？

結果，兆豐金宣布的現金股利確定是 1.58 元，剛好是這 3

種推測的平均。

這個篇章主要針對大俠所觀察到的兆豐金股性週期，但基本上，其他官股金控也能套用，你也可以印證看看是否能夠找出相似之處。

與其等待最低點，不如在合理價進場

根據大俠觀察的兆豐金股性週期，有 3 個要點可以掌握：

1. 每月基本面評估

透過記錄兆豐金每月 EPS，推算全年度 EPS 及現金股利，藉此推估合理股價。

2. 了解每年重要時程

根據兆豐金每年的重要時程，例如營收及自結 EPS 公布時間、每年何時宣布股利、除息及發放股利……等，從能取得的最新資訊去調整對兆豐金合理股價的推估。

3. 觀察填息波段

通常剛除息之後會先經歷貼息，到隔年除息之前通常都會填

息。去觀察以前的股價走勢就可以發現，兆豐金的填息多會經歷3段的上漲波段；在適當的時間點分批投入資金，就有機會用相對低的成本進場布局。

大俠就是透過這3個要點，掌握它每年最有可能起漲的週期以及合理的估價。會這麼做，不是為了等待抄底，而是為了方便我們在市場下殺的時候，做好資金分批、打出微笑曲線。畢竟大俠一向認為，與其去等待最低點，還不如在股價還算合理的時候就老老實實進場，靠著時間去慢慢打出股息複利，這都是我們長期投資人要去思考的事情。

有在關注大俠粉絲專頁的投資人都會知道，大俠會在每月10日左右，根據我對目前兆豐金獲利的看法、較合理的價格，以及在全部金控的獲利出爐之後，公布每年該注意的時間點有哪些。

而每年要配發的股息，基本上最慢能在4月底得知發放金額，然後再利用近3年除息前平均的現金殖利率來反推，就可大致得知合理股價。

不過，如果在4月底才計算出來合理股價恐怕會太慢，因

為通常這時的金控股，都早已漲到一個相對高點的區間。所以大俠認為，用功一點的投資人，若不想每次都在高點買到金控股，至少要提前在以下 2 個時間去估算合理股價：

1. 在每年 1 月初的時候，根據金控所公布的前一年度 EPS 數字去推算合理股價。
2. 想更早超前部署的人，就提早在每年 12 月初時，根據財政部預算書裡預估的上繳國庫金額，以及財政部持有股數，大略推算兆豐金隔年可能配發的股息，藉以推算合理價。

所以 12 月、1 月、4 月，都是長期投資兆豐金者值得去注意的布局時間點。原則上，4 檔官股金控都可以比照相同的規律來做布局。大俠我只是藉由兆豐金來談，但不代表資金控管只適合兆豐金，同樣也適用於第一金（2892）、華南金（2880）、合庫金（5880）。

其實兆豐金每年股性週期的規律也就差不多這樣——1 月初得知全年 EPS，4 月底董事會公布股息，6 月股東會，8 月除息，9 月領息，12 月外資結帳賣壓（詳見附錄）。

外資常在 12 月大賣股形成賣壓，但該年累積獲利若勝過前

一年，那麼 12 月是投資人可撿便宜的最後進貨日，因為隔年 1 月初兆豐金公布全年自結獲利後，股價可望開始起漲。

接下來，大俠要更詳細分享，我是如何把握一年當中幾個重要時間、用 EPS 和股利去持續推算合理股價，以此決定資金分批進場的技巧。

要點 1》每月基本面評估

每個月初大概在 10 號左右，各家金控自結的單月獲利及 EPS 會依序出爐。基本上，大俠每個月都會記錄這個數字，以推算全年 EPS，然後再根據過去的盈餘分配率去推算接下來可能領到的股息。

以下是大俠使用的計算流程：

步驟 1》 根據「每年 1 月累積至這個月的 EPS」，再搭配「每年同月份的平均 EPS」，來推斷出全年的 EPS 大概是多少。

步驟 2》 然後再透過近 3 年平均盈餘分配率，推算出可能發放的股息是多少。

步驟 3》 市場上對於金融股行情的共識，普遍是用 5% 殖

利率當作標準；將可能發放的股息除以 5%，得出的數字就是期望獲得 5% 殖利率的合理股價。

舉例而言，假設推估全年 EPS 是 2 元，那麼我們會去抓這檔股票近 3 年的平均盈餘分配率，假設是 80%。那麼將全年 EPS 2 元乘以 80%，會得到 1.6 元，而這 1.6 元就是依據 EPS 推測出的股息。

最後，就是要用我們推測的股息，以預設的殖利率去推測合理股價。假設預設為 5%，那麼只要用 1.6 元除以 5%，得到 32 元，代表我們在 32 元以下買進，就能期待領到殖利率至少 5% 的股利。

所以用金融股的基本面推估合理股價，是非常容易掌握的。但要注意，有時候官股金控會因為要達成上繳國庫之需求，拉高盈餘分配率也是有可能的。所以在這邊還是要再次提醒，推估股價永遠落後於行情，切勿僅以此作為絕對的買賣依據。

大俠接著要分享，以兆豐金為例，每年有幾個可以特別注意的重要時程，這幾個時程都是幫助我們推算兆豐金合理股價的好時機。

要點 **2**》了解每年重要時程

12月初》財政部公布預算書

合理股價評估根據：股息上繳預算金額

每年 12 月初，投資人通常就能看到財政部所公布各大官股要上繳多少股息的預算書，我們再從兆豐金要上繳多少獲利，去除以財政部持有股數，進而這個時候大概推估兆豐金合理股價會落在哪個區間。

就以 2020 年查詢到的資料為例（查詢方法詳見圖解查詢1、2）：

◎財政部預定編列預算：18 億 6,000 萬元。
◎財政部持股數：11 億 4,304 萬 3,883 股。

將 18 億 6,000 萬元除以 11 億 4,304 萬 3,883 股，可以得到 1.62 元；所以可得知，兆豐金每股要配 1.62 元股息，才能達成上繳國庫的預定目標。

接著，就要用殖利率來推算適合進場的股價了。對於純發股息的金控股（只配現金股利、不配股票股利），大俠的習慣是

過去3年，兆豐金平均現價殖利率為5.4%
——兆豐金（2886）股利及平均現價殖利率

股利發放年度	除息前股價 （元）	現金股利 （元）	除息前一日 現價殖利率 （％）
2018	27.35	1.50	5.48
2019	31.10	1.70	5.47
2020	32.35	1.70	5.26
		平均	5.40

資料來源：台灣證交所、公開資訊觀測站

找出前 3 年兆豐金在除息前一日的現價，計算出當時的「現價殖利率」。例如，2018 年～ 2020 年兆豐金的平均現價殖利率為 5.4%（詳見表 1），那麼將 1.62 元除以 5.4%，可以得到 30 元。而 2021 年 2 月之前，也一直都有 30 元以下的買進機會。

　5.4% 是過去 3 年殖利率的平均值，若長期投資者可以接受 5%，也可以用金融股常用的殖利率標準 5% 回推；1.62 元除以 5% 等於 32.4 元。若取整數，那麼在 32 元以內都是很好的買進機會。

隔年 1 月初～ 4 月底》12 月份月結 EPS 公布

合理股價評估根據：自行統計全年 EPS 以推估股息

然後到了隔年 1 月初，可以再根據公司宣布的 12 月份月結 EPS，統計出去年全年 EPS。此時就可按此基本面表現，推算可能發放的股息，並與上述財政部預算書的數字做對照。

舉例，2021 年 1 月 10 日左右可以得知，兆豐金 2020 年的全年自結 EPS 是 1.84 元，乘上近 3 年平均盈餘分配率 82%，則得到 1.51 元。

但是 1.51 元與財政部預算書期望的 1.62 元有一些差距，因此我們可以推測，兆豐金有可能會提高盈餘分配率，讓股息接近財政部期望的數字。所以我們就還是以 1.62 元為準，再依照 5%～ 5.4% 殖利率，將合理價格區間設定在 30 元～ 32.4 元即可。

換言之，在 4 月底兆豐金正式宣布股息前，股價若處在這個合理價格區間，甚至殺到更低的價格，都是長期投資者安心進場布局的好機會。

2020 年 3 月疫情恐慌時，大俠就是用此方法，順利在底

部大量布局，買進了 173 張兆豐金。

所謂知己知彼，方能百戰不敗；而知己知彼之底線，當然可以輕輕鬆鬆買底部躺著賺。

4 月底～ 8 月除息前》董事會

合理股價評估根據：公布股息

時間來到 4 月底，就是股息見真章的時刻了。兆豐金往年都會在 4 月底舉行的董事會公布股息，此時就是「再醜也要見公婆」，一翻兩瞪眼，任何模稜兩可的空間都沒有，公司説股息要發多少就是多少。

狀況 1》假設發 1.6 元股息，除以過去 3 年平均現價殖利率 5.4%，合理股價就是 29.6 元以內；除以金融股常用的殖利率標準 5%，合理股價就是 32 元以內。

狀況 2》假設發 1.58 元股息，除以過去 3 年平均現價殖利率 5.4%，合理股價就是 29.2 元以內；除以金融股常用的殖利率標準 5%，合理股價就是 31.6 元以內。

也許你會好奇，難道計算合理股價，一定要用 5% 或是過去

3 年平均現價殖利率嗎？大俠要説，隨著熱錢持續湧入市場，也許未來 4% 殖利率會成為常態；但在 2021 年，大俠還是用過去 3 年平均現價殖利率 5.4% 計算。未來可能會用 4% 計算的原因，我會放在本篇章的最後一篇文章討論（詳見 1-6）。

8 月初～ 12 月》除息

合理股價評估根據：今年累積 EPS

若沒有特殊事件發生，兆豐金每年多會在 8 月 10 日前後除息。除息之後，大俠也會嘗試推估全年度的 EPS；不過此時不確定性太大，往往會有一段貼息的時間，所以也有不少機會能遇見好買點。

在 8 月除息之前，通常就可得知當年 1 月～ 7 月的累積 EPS，但是接下來還沒發生的 8 月、9 月、10 月、11 月、12 月 EPS，要用什麼數字做預估值呢？

大俠會根據前 3 年同月份 EPS 來取一個平均值。也就是説，假設今年 1 月～ 7 月的 EPS 是 1.2 元，大俠就會去計算這 3 年來 8 月～ 12 月的 EPS 平均值，假設是 0.85 元，那麼就可將已知的 1.2 元，加上推估的 0.85 元，合計得到的 2.05 元，當成是全年度的 EPS。

所以你會發現，為什麼除息後股價會很不穩定？因為有太多不確定因素，此時更考驗我們資金控管、分批進場的能力。

不過，只要 8 月出爐的累積 EPS 有超過去年，那麼該年度至少有過半以上的 EPS 是我們能掌握的，即可安心進場投資。

大俠還是要多叮嚀幾句，那就是股價推估永遠落後於行情，切勿僅以此作為買賣依據，所以也別因為自己算出價格區間，就輕易停利、離開市場。除非你有更好的標的出現，要不然把資產賣掉換現金，非常不划算，因為在這時代長期留著現金，很容易在通膨熱錢的環境下，被吃掉實質購買力。

可依持股狀態，適時調整投資策略

8 月才想進場的空手投資人

若你是 8 月才開始想買兆豐金的投資人，看到股價上漲，擔心買進後長時間貼息，又不想去計算合理股價，那麼大俠會建議，不妨改用資金分批進場的方式來取代推估股價的麻煩：

1. **觀察 1 月～ 7 月的累積 EPS，勝過去年同期累積**：參加除息，並將資金分批買到隔年 1 月初。

2.觀察1月～7月的累積EPS，低於去年同期累積：棄息，等除息之後再進場，並將資金分批到明年4月底。

已持有兆豐金投資人

如果是已經擁有一定兆豐金部位的投資人，卻又希望有機會降低持股成本的話，大俠認為以下策略可以參考：

觀察1月到7月的累積EPS，如果有超越去年同期，則放著繼續參加除息；如果沒有，則有3種選擇：

1.只要配置的是閒錢，都可以繼續放著參加除息，用領到的股息買貼息價格。

2.賣掉一半，等除息後買貼息價格，可分批買進，但盡量在明年4月底前買完。

3.賣掉全部，等除息後買貼息價格，可分批買進，但盡量在明年4月底前買完。

要點3》觀察填息波段

「4月前買，坐等提前填息」，從金融股的慣性來看，每年「4月～8月除息前」這段時間，往往都會走出一段除權息

行情。也就是說，如果能提早在每年的「8 月～隔年 4 月」這段區間，跟著填息波段好好的分批布局，都能進貨到不少相對便宜的股票（至於詳細操作細節，詳見 1-4）。

最後，我將兆豐金幾段較為重要的時程與填息波段時間點條列於下，供各位長期投資人參考：

每月 10 號左右：各家金控月報出爐，會公布自結月 EPS 的數字。

每年 5 月中、8 月中、11 月中：上市櫃公司季報公布。

8 月：兆豐金通常在 8 月上旬除息。此時各上市櫃公司已陸續除息，部分股息進帳衝高各子公司獲利，所以該月份兆豐金獲利通常都很不錯。

9 月初：兆豐金發放股息。股息入帳後，忠實戶多會回買兆豐金，此時會稍微推升股價，但推升的多寡還是得取決於公司獲利成長程度。而且，金控往往會在年底打個呆帳，所以此時市場還是會先稍作觀望，等全年度完整獲利出爐才會正式進場，因此 9 月乃填息第 1 段。

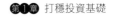

12 月初：有機會看到財政部編列的隔年預算書，可看到 8 大行庫隔年預估要上繳多少現金股利給國庫。而兆豐金也會在相關新聞中暗示可能盈餘分配率，從此處就可以初步推估隔年可能會發放的現金股利金額。

12 月中旬：金融股陸續公布分紅獎金及員工紅利發放情況，可觀察出今年業績是否達標。

12 月底：平安夜外資放假睡覺睡到年底，前 1、2 週出現外資結帳賣壓合情合理。

1 月：1 月 10 日左右，各家金控 12 月自結 EPS 陸續出爐，獲利佳的金控，股價通常會在這個時間點起漲。其中，牛皮官股金控有個慣性，那就是能用年度獲利來推測當年可能配多少現金股利或股票股利。此月乃填息第 2 段。

3 月底：第 4 季的季報會跟年報一起公布。

4 月初：兆豐金召開法說會。

4 月底：兆豐金召開董事會，當天就會正式公布擬定配息金

額，此時已來到填息的末升段。

　6 月下旬：兆豐金召開股東會。經由股東會承認股利後，將擇期公告除息日及股利配發相關日程。

圖解查詢1 財政部預算書

Step 1 欲查詢財政部預算書內容,可於每年12月初於財政部網站(www.mof.gov.tw),點選❶「主題專區」→❷「主動公開之政府資訊」後,在新的頁面點擊❸「預算、決算書及會計報表」。

Step 2 接著，找到欲查詢年度的財政部預算案，此處以❶110 年度（2021年）為例，即可下載所需❷PDF檔。

Step 3 開啟下載檔案後，在❶「投資股息紅利」項目的說明欄，即可找到財政部歲入來源預算中提列的❷兆豐金現金股利金額。

資料來源：財政部網站

圖解查詢② 財政部持有兆豐金股數

Step 1 其實只要利用Google輸入「財政部持有兆豐金股數」就會出現答案了。或是到兆豐金官網（www.megaholdings.com.tw），點選❶「關於我們」→❷「主要股東」。

Step 2 接著，就可以看到兆豐金的主要股東表及持有股數，而最大股東財政部，持股數為❶「1,143,043,883」股。

序號	股東戶名	持股數(股)	持股比例(%)	表決權比例（%）
01	財政部	**1,143,043,883**	8.40	9.37
02	行政院國家發展基金管理會	830,973,202	6.11	6.81
03	中華郵政股份有限公司	490,778,910	3.61	4.02
04	國泰人壽保險股份有限公司	386,778,141	2.84	3.17
05	富邦人壽保險股份有限公司	365,679,000	2.69	3.00

基準日：110年4月26日

資料來源：兆豐金官網

1-4 依據 3 段式填息行情
趁上漲前累積股數

兆豐金（2886）每年大約在 8 月上旬除息，看到除息之後的貼息可先別著急，因為要是快速填息，只是帳面上好看，實際上不會幫助我們累積更多股數。想一想，同樣一筆資金，買填息價比較輕鬆呢？還是買貼息價輕鬆呢？

我想應當是後者，因為同樣的資金可以買到更多的股數。

長期投資者就是要專注張數上的累積，遠離股價的波動，不杞人憂天煩惱著貼息怎麼貼得這樣慘？在一直下跌的行情中，反而要遵循紀律，逢低布局，這才是長期投資人在貼息期間唯一該做的事情。

對於我們這種想盡可能累積股數的投資者，填息這麼快要做啥呢？貼息存股才輕鬆呀！

有時候貼息慘烈的原因，很有可能是因為國際環境偶爾的變因，或是降息的市場疑慮，不過這不是我們賣股票的理由；大俠還是建議將這些我們無法解決的事情，安心地交給公司管理高層去煩惱。

我們只要確保自己投資的公司，正想辦法去解決獲利結構上的難題，那麼填息就不會是個問題。要記住，長期投資遇上快速填息才不利呢！而且，我們順便也可以用貼息的行情，分批進場、分次布局，順便磨一磨長期投資的心境，不斷反思這種年賺 5% 的策略是否真的適合自己。

填息波段出現在 9 月、1 月、4 月

如果每次只想要布局在起漲點，每年只有 3 個時間點值得投資人去觀察，分別是 9 月、1 月及 4 月這 3 個月份，也可稱為「填息有 3 段」（詳見圖 1）。

第 1 段》9 月

現金股利入帳，「忠實戶」回買，此段會稍微推升股價，但推升多寡還是取決於公司目前的獲利程度。所以，此時市場資金還是會先稍作觀望，通常是等全年度獲利出爐才會進場。

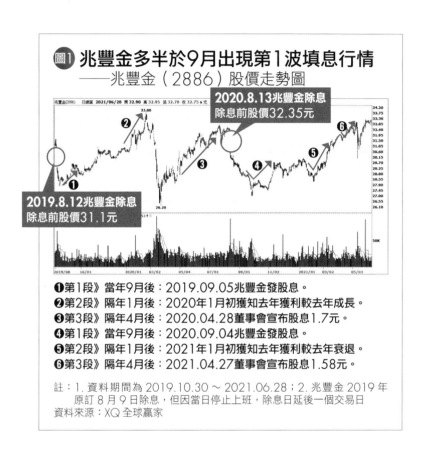

圖1 兆豐金多半於9月出現第1波填息行情
——兆豐金（2886）股價走勢圖

❶第1段》當年9月後：2019.09.05兆豐金發股息。
❷第2段》隔年1月後：2020年1月初獲知去年獲利較去年成長。
❸第3段》隔年4月後：2020.04.28董事會宣布股息1.7元。
❹第1段》當年9月後：2020.09.04兆豐金發股息。
❺第2段》隔年1月後：2021年1月初獲知去年獲利較去年衰退。
❻第3段》隔年4月後：2021.04.27董事會宣布股息1.58元。

註：1. 資料期間為 2019.10.30 ～ 2021.06.28；2. 兆豐金 2019 年
　　原訂 8 月 9 日除息，但因當日停止上班，除息日延後一個交易日
資料來源：XQ 全球贏家

第2段》1月

在1月10日左右，各家金控月報陸續出爐，此時可以得知去年全年的獲利數字，獲利佳的金控股價通常會在這時間點起漲。

第 3 段》4 月

包含兆豐金在內的多家金控都會在 4 月底召開董事會，並正式公布董事會決議的股利政策；而在股利出爐後，想要領股利的人就會急忙進場，因此會啟動一波除權息行情。兆豐金通常也會在此時展開填息末升段，並且持續到 8 月除息之前。

也就是說，如果能提早在每年的「8 月除息後到隔年 4 月底前」這段區間內，好好地分批布局，那麼就根本不需要擔心當年度除息後貼息的問題。

將配息買進更多股票，複利效果更佳

所以大俠才常講，恐慌買股票才輕鬆，因為我們深知公司價值跟市場恐慌的情緒。好股票落難時，往往都會有一個現象，那就是大部分的散戶都會在便宜時看不起，但是一旦起漲後又變成自己買不起。或是套牢個 2、3 萬元不當一回事，但是等到除息前賺了 1,000、2,000 元，就立馬賣掉。

這樣的操作當然賺少賠多，因為在還沒有更好的標的出現之前就貿然離開市場，這樣很容易會因市場一個上漲，就降低投資人的現金實質購買力。

除了買高賣低使得張數減損以外，複利的效果也因為進進出出而打了很大的折扣。所以要知道，乖乖地讓資金完整參與市場，然後透過除息再將現金拿回手上，來買進更多的股票，即可獲得良好的複利效果。

大俠 2020 年用 502 張兆豐金參與除息，領到股息約 83 萬元，如果此時遇上快速填息行情 32.8 元，那大俠只能用股息買到 25 張；但如果是遇見貼息行情，還貼息貼到 27 元，那此時我就可以買到 30 張。

抱持這種觀念是何等的輕輕鬆鬆、簡簡單單，只要把心思放在如何利用股息再投入，就完全不用擔心市場貼息，因為我用股息去買股票，非常輕鬆。

所以外資好心幫我們砍股價走貼息行情，長期投資人反倒還可以利用這行情，買進更多的股數；股數變多，也能夠讓股息領到更多，這種思維模式就是長期投資的思維。

很多人的長期投資，只是從早盤 9 點持有到下午 1 點半，反倒儲蓄險綁 6 年，定存 6 年，不當一回事，很願意長期放著，但要叫他花個 3 年來存金融股卻哇哇叫。

投資金融股，就是真金白銀地用長期思維，獲得完整報酬。煩惱就交給公司去憂愁吧！把自己的投資生活品質搞好，睡覺睡飽一點，才是你唯一該做的事情。

所以我常說，「365 張金融股股息，Cover 你的每一天。」不是一定要存到 365 張，而是指一個心境；投資還是要回到生活，而長期投資要專注股息。

貼息與否，這只是股價上的議題，建議長期投資人還是得將目光放回公司本身的價值上，才能在貼息行情中依然堅信著好公司，然後打出漂亮的分批布局。

而與其隨意猜測市場高與低，還不如務務實實地參加除息來產生出複利，因為在長期投資下，股息複利早就平滑了當初買進時的高低價位。

長期持有，才是關鍵。

基本上只要你懶得算，直接到臉書搜尋「大俠武林」，每個月我都會將合理價格區間寫出來供各位參考。

1-5 計算「成本殖利率」 為安心存股關鍵

兆豐金（2886）2021 年 4 月 27 日下午召開董事會，拍案決議發放每股現金股利 1.58 元，對照當天兆豐金收盤價 32.6 元，現金殖利率大約為 4.84%。

網友：「殖利率 4.8% 好爛。」
大俠：「可是我們殖利率有 5.5% 以上。」
網友：「怎麼可能？」

從 2020 年除息後，兆豐金一路貼息，股價進入低潮；因此，直到 2021 年 2 月初股價起漲以前，有好幾個月的時間可以買到 30 元以下的兆豐金，所以殖利率當然有機會達到 5.5%。

圖 1 是大俠 2021 年 4 月 27 日兆豐金未實現損益表的部分內容。我在 1 月 29 日到 2 月 2 日之間，所買到的兆豐金

股價分別是 28.5、28.7、28.85 元，它們為我創造的「成本殖利率」就分別是 5.54%、5.5%、5.47%。

所以大俠才說，官股金控要玩得好，是在於它跌的過程中，投資人敢承接多少？資金控管分批買底部的能力有多少？而這些都會成為之後的獲利護城河。

想要擁有比 5% 更好的殖利率，都是靠自己在逆勢中所爭取的；要知道，做長期投資時，個人持有的「成本殖利率」才是重點。

長期投資人應以持有成本，計算股票殖利率

剛接觸長期投資的投資人，之所以不願意定下心來好好存股，常常跑來跑去，絕大部分的原因是沒有意識到「現價殖利率、成本殖利率」以及「現價填息、個人式填息」的差異，所以誤以為長期投資金融股，每年只能領 5% 左右的股利。

長期投資講的殖利率有個奧祕，就在於其計算方式。

常在新聞媒體上看到的殖利率，是以「當年發的股利，除以

圖1 2021年年初買進兆豐金，殖利率大於5%
——大俠武林的兆豐金（2886）未實現損益

		預估損益		股數	現價	買進股價	成交金額	預估淨收付金額		買進日	
下單	兆豐金	108,831	現股	30,000	30,000	32.6	28.85	865,500	974,676	調整	2021/02/02	台幣
下單	兆豐金	400,443	現股	106,000	106,000	32.6	28.7	3,042,000	3,443,856	調整	2021/02/01	台幣
下單	兆豐金	173,778	現股	46,000	46,000	32.6	28.7	1,320,200	1,494,504	調整	2021/02/01	台幣
下單	兆豐金	3,979	現股	1,000	1,000	32.6	28.5	28,500	32,490	調整	2021/01/29	台幣
下單	兆豐金	3,979	現股	1,000	1,000	32.6	28.5	28,500	32,490	調整	2021/01/29	台幣
下單	兆豐金	3,979	現股	1,000	1,000	32.6	28.5	28,500	32,490	調整	2021/01/29	台幣
下單	兆豐金	3,979	現股	1,000	1,000	32.6	28.5	28,500	32,490	調整	2021/01/29	台幣
下單	兆豐金	3,979	現股	1,000	1,000	32.6	28.5	28,500	32,490	調整	2021/01/29	台幣

註：資料日期為 2021.04.27
資料來源：國泰證券下單軟體

市場上的現價」，這是大家公認的公式。普遍來說，大家耳熟能詳的金融股，殖利率大約落在 5% ～ 6% 左右，但這 5% ～ 6% 是指「現價殖利率」。

比方說，兆豐金現價 30 元，2019 年股息發放 1.7 元，所以殖利率落在 5.6%（＝ 1.7 元 ÷30 元 ×100%）。但是從「成本殖利率」的角度來想，殖利率對於長期存股的人，真的只有 5.6% 嗎？

絕對是不一定！

這邊要導入「個人持有成本殖利率」的觀念，以下就簡稱「成本殖利率」。一位持有金融股多年的投資者，他買進的平均成本約在 22 元，然後 2019 年股利配發 1.7 元，那麼他個人的「成本殖利率」就是 7.7%。也就是說，長期投資人的殖利率，應該著重在「當年發的股利，除以自己持有的成本。」

有沒有很神奇？原來殖利率其實是跟自己買進的平均成本相關，並非只有表面上看到的 5% ～ 6% 股利可以領。我們常在新聞中看到的殖利率數字，都是用現價計算，所以才會有很多投資人不屑賺那 5%。

但事實上，只要懂得「成本殖利率」的觀念，長期持有優質好公司並且透過複利效應，殖利率還會逐步往 10% 靠近，甚至是突破 10%。一言以蔽之，「成本殖利率」才是長期投資之人的致勝方程式。

了解到如何以逸待勞來取得與年俱增的股利後，投資人將會愈來愈以「股東」的角度，去檢視庫存中龍頭公司的企業價值以及版圖戰略結構。

投資不必搞得太花俏，投資人本身只要思考得愈周全，策略就愈會趨向簡單。

假設股息只發 1.5 元，每位投資者能得到的殖利率也不同：

◎買進成本在 31 元的投資者，個人的成本殖利率為 4.8%。
◎買進成本在 28 元的投資者，個人的成本殖利率為 5.3%。
◎買進成本在 25 元的投資者，個人的成本殖利率為 6%。

所以，為什麼就算金融股上漲，大俠還是不會想賣出賺個價差？因為當初印鈔機買得夠便宜，就不會想靠買賣印鈔機賺錢，實在是不需要忙進忙出、殺雞取卵。

恐慌時買進，可加速「個人式填息」

分清楚「現價殖利率」和「成本殖利率」的差別，就能明白大俠接下來要說的「現價填息」及「個人式填息」的差別。

新聞講的填息，是參考除息前一天的價格，也就是「現價填息」；長期投資人的填息，是參考個人買進的價格，也就是「個人式填息」。

　　大俠用 2020 年的兆豐金來舉例。2020 年 8 月 13 日，兆豐金以 32.35 元除息 1.7 元後，股價一路滑落，最低曾跌到 27 元。所以在帳面上好像看到了貼息 5 元多，這是指在 32 元後才買進的投資人。

　　然而，對於早在 2018 年～ 2019 年中美貿易戰買進 24 元或 25 元兆豐金的投資人，27 元這個價格對他們來說有貼息嗎？沒有，而且統統完成了「個人式填息」。就算是 2020 年 3 月疫情恐慌時，以 26.2 元買進兆豐金的投資人，也頂多在除息後短暫貼息了幾天而已。

　　所以說，貼息或填息與否，都跟自己進場買進的價格相關；如果能多趁恐慌回檔時買，不僅個人持有的成本殖利率會較高以外，還能讓自己快速完成個人式填息。

　　如果恐慌不多買，等到市場回溫、股價狂漲，才想要大量進場，只會讓自己的成本殖利率往下掉而已。

　　所以囉，投資為何不反過來呢？股價高漲時咱們休息看戲，股價崩跌回檔時再進場買進，如此投資真的是輕輕鬆鬆、簡簡單單。

只要弄清楚長期持有者的「個人式填息」及「成本殖利率」，那麼你就會跟大俠一樣，懶得常常買進賣出、跑來跑去囉！

優質公司落難時，咱們買進低成本的股票，等公司獲利回升，那麼個人成本殖利率也會大幅上升，因為殖利率的分母是股價，分子是股息。

只要分母愈小、分子愈大，整體效益就愈明顯；而分母愈小，就是公司落難的股價，分子愈大就是公司恢復獲利動能的股息，並逐年漸增。

所以我們要投資的就是具有轉機能力的公司，這點在 1-1 已經有詳細的說明。

大俠除了平時分批進場買進兆豐金，也會屢屢利用恐慌股災進場加碼，2018 年～ 2019 年中美貿易戰時陸續買進 100 多張；2020 年新冠肺炎疫情時增加 173 張，同年除息後賣壓貼息增加 60 多張；而後再利用幾個波段的小恐慌，陸陸續續將張數累積至今。

建立投資部位的過程中，投資成本想要降低，就要借助於恐

慌行情；市場震盪大時泳褲很便宜，海灘上隨便撿。

所以，你目前的成本殖利率是多少呢？有空算一算，算出來的結果就能讓自己更加安心長期持有，並且專注在公司獲利上，不勞心於股價上的波動，也不用再煩惱忙進忙出。

1-6 | 熱錢效應推升股票價格 未來現金殖利率恐貼近 4%

2020 年疫情過後，不管是美國或台灣，股市都出現一大段上漲。有做功課的投資人，一定都會知道，大漲的原因之一，來自於我們目前正面臨的「熱錢時代」。

「熱錢」指的是市場上的現金大量湧入，讓股票價格變貴，殖利率變低。以前買股票的現價殖利率會有 6%（詳見表 1），2008 年政府印鈔之後熱錢湧入，我們已經習慣合理的現價殖利率變成 5%；而再經過 2020 年持續實施貨幣寬鬆政策之後，大俠認為未來的合理現價殖利率趨勢恐往 4% 靠近。

舉例來說，在殖利率 5% 的時代，原本可能花 30 元就能買到發 1.5 元股息的兆豐金（2886）；但是進入低利時代，很有可能要 37 元，才能買到一張發 1.5 元股息的兆豐金，這就是現金殖利率往 4% 靠近會發生的現象。

　　所以我們未來還能一直用平均 5% 殖利率來去推估兆豐金合理股價嗎？此點恐怕要深思了。就好比中華電（2412）也曾經有 6% 殖利率，但現在只剩下 4% 左右。這就是低利的環境，熱錢效應會推升資產價格，而資產孳息率一定也會往下降。

　　也可以想想，以前儲蓄險的利率多少？現在又只剩下多少？如果跟你說銀行定存 1 年能領到 5% 利息，大家一定會覺得很扯，但我們的父執輩就經歷過銀行定存高於 5% 的環境。

　　那麼，靠利差賺錢的金融股，不就會受影響嗎？很多人質疑，「低利會侵蝕到金融股的獲利啊！」此論點的確沒錯，但這只會影響一段時間而已。

　　這話題我們也說過了，金控同樣也能在低利的環境中，取得鉅額而且利率更低的資金。我們普通人玩得過銀行嗎？很難吧！所以別替坐擁幾兆元資產的金控公司擔心，它們肯定是玩錢的專家。

猜測股價頻繁進出，反而讓資金購買力下降

　　雖然大俠都是用基本面來推測兆豐金的合理價格，但是在熱

表1 2008年前，兆豐金連續5年殖利率高於6%
——2003年～2020年兆豐金（2886）殖利率

股利所屬年度	現金股利	股票股利	股利合計	年均殖利率（%）
2003	1.54	0	1.54	7.02
2004	1.53	0	1.53	7.24
2005	1.55	0	1.55	6.70
2006	1.50	0	1.50	7.07
2007	1.25	0	1.25	6.59
2008	0.25	0	0.25	1.60
2009	1.00	0	1.00	5.22
2010	0.90	0.20	1.10	3.90
2011	0.85	0.15	1.00	3.88
2012	1.10	0	1.10	4.57
2013	1.11	0	1.11	4.51
2014	1.40	0	1.40	5.64
2015	1.50	0	1.50	6.57
2016	1.42	0	1.42	5.87
2017	1.50	0	1.50	5.76
2018	1.70	0	1.70	5.81
2019	1.70	0	1.70	5.65
2020	1.58	0	1.58	5.06

註：年均殖利率是採「股利 ÷ 全年平均股價 ÷100%」計算
資料來源：Goodinfo! 台灣股市資訊網

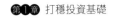

錢市場的效應下，靠預估股價來進進出出，真的非常可能會隨時被不講情面的暴力行情軋了個空手。

一個沒有理由的拉漲，不僅讓投資人的資金購買力下降，還更有可能會發生賣出後想要回補時，同樣的資金卻買不回一樣的張數。

要知道張數減損對於長期投資者的報酬來說，是相當大的損害。所以不管市場利空利多與否，大俠永遠建議專心使用「定期定額」或「不定期不定額」來進場布局，其餘時間就專注於工作，不要想東想西，不要把業外股票投資當成本業來做。

尤其以長期投資金融股來說，計算股票價格，很常只是算安心、算好玩的；要是真的這麼準，早就 all in 做多或做空、早早財富自由了。只要有心長期投資，還是要把精力放在專心工作，投資金融股就交給低利的市場環境，因為熱錢會自動幫我們搞定好一切。

所以我們別去猜測未來的股價走勢，只要專注於領股息、領到股息再去買股；別輕易在熱錢四溢的時代，將資金貿然地抽離市場。此時巨量的熱錢只要一把火，馬上就能把任何教科書

中教的判斷法則燃燒殆盡。

　　大俠真心建議，專心投資優質權值股，不要搞太多花招來忙進忙出，也千萬不要懷疑印鈔團體想要印大把鈔票來炒股票的決心。

　　老老實實地參與完整市場，才是我們散戶唯一該做的事情。

第2章

設定進場策略

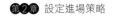

2-1 | 用 5 心法做好資金控管 不怕手中沒銀彈加碼

百米衝刺比賽，哨聲響起，毫無保留地奔向終點；萬米耐力比賽，考驗跑者的意志力、體力精準控制及循環換氣的技巧。

長期投資也類似萬米長跑，在漫長的投資路上，資金務必要精準控管得宜，才能在市場中，參與長期且完整的複利報酬。

大俠常說，長期投資有 3 輕鬆：

第 1，閒錢買股才輕鬆；
第 2，恐慌買股更輕鬆；
第 3，股息買股最輕鬆。

想要輕輕鬆鬆投資，就得從務實地累積本金開始。本章要談的就是如何利用閒錢及股息，輕輕鬆鬆達成生生不息，銀彈打

不完的資金控管法。

資金控管 4 個字，你會在本書一直看到，這 4 字也恐怕會貫穿在本書的每個章節以及角落。因為基本上，優質的 ETF 或是績優龍頭股，只要進場買進的資金控制得宜，長期來看幾乎都可以獲得合理的報酬。

而投資沒有太多囉哩囉唆的線型或心法，通常方式愈是簡單，就愈能讓人輕鬆的賺錢。資金控管沒做好，就會老是買在最高點，然後遇到股災沒錢加碼，最好方式就是使用正確的資金控管心法：

心法 1》懂得分配投入資金，就能「本多終勝」

不少網友看到別人投資金額比較高，可以在短短幾年存到很多張股票，就自己下了「本多終勝」這個結論並畫下句點。他可能認為，自己只有 100 萬元，比 1 億元差遠了！但問題是，100 萬元對於資金只有 10 萬元的人來說，還不是本多？所以 100 萬元到底是本多還是本少？

本多終勝其實不是在說金額愈大就一定可以獲利，大俠認

為，本多終勝其實是在講資金控管、分批進場的重要性。因為不管你的資金是多少，只要沒有良好的資金控管，一樣可能半個月不到就全數虧光光。

例如，對 1 檔股票的基本面和前景毫無把握，看到它漲了好幾天，就一次梭哈 1,000 萬元，結果買在股價最高點，這樣還會是「本多終勝」嗎？

相反地，如果對 1 檔股票的基本面和前景有把握，但是目前處於不確定性的行情，那麼就將 1,000 萬元分成 10 批甚至 100 批，這樣就更能在不確定性行情中，取得較平均的獲利，也能夠在下跌過程中，按照比例來加碼（當然這 1,000 萬元只是舉例，因為對於不少富二代、股市大戶來說，1,000 萬元也只是幾個月的零用錢）。

不管是金額高或低，分愈多批進場，就愈能以平均成本買入，長期下來也愈有可能會挺過行情變化、最終得勝。

◎有 1 億元，你分成 100 次，每次 100 萬元進場。
◎有 1,000 萬元，你分成 100 次，每次 10 萬元進場。
◎有 100 萬元，你分成 100 次，每次 1 萬元進場。

◎只有 10 萬元，你分成 100 次，每次 1,000 元進場。

以上的各種做法，不都一樣是本多終勝？

同一檔股票，有投資者用資金控管良好的 100 萬元去投資，搞不好還比用 1,000 萬元資金的投資報酬率高。本多如果不會資金控管，他虧損的錢可是小散戶的好幾倍。

在投資這場萬米長跑中，本多終勝真正的意義，一直都不在於資金大小，永遠只跟資金控管能力有關。只要控制得宜，並且能長期在市場中獲利，那你就是用本多終勝來戰勝市場。

每個人的資金能力本來就不一樣，去跟別人比較本金投入的大小沒有意義。投資觀念對了，方法對了，就算只從幾萬元、幾十萬元本金開始好好投資，也能積少成多；但是觀念和方法錯了，就算祖上積德留了幾千萬元給下一代當成投資本金，也可能很快就賠光。

觀念好，錢多賺多；觀念不好，錢多賠多。

大俠常講，再好的公司，都得要搭配上良好的資金控管，

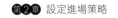

要不然很容易就被市場洗出去。比方說買在 200 元台積電（2330）的投資人，跟買在 680 元台積電的投資人，能承受的市場震盪以及心態格局上就是不一樣。

市場上永遠都是「一群不缺錢的人，從那群『急需用錢的人』手中把錢賺走」；如果投資股票不懂得資金分配，並且利用股息再投入的技巧，去取得長期市場報酬，那麼你很有可能就是錢老是被老手賺走的那群人。

所以，在投資市場上，不缺錢的定義，跟是否擁有百萬元、千萬元或者好幾十億元無關，「資金控管能力好的人，就是不缺錢的人。」

心法 2》只用閒錢投資，遇大跌心不亂

什麼叫做閒錢？閒錢到底該如何規畫？當美股或台股怎樣跌你都不會心慌，代表你用來投資的錢就是閒錢。

閒錢也沒有一定的金額標準，閒錢所占資產的成數也因人而異。不過大俠認為，閒錢投資的功夫，最核心其實是指一個人的選股能力、資金控管能力以及抗壓性。

面對腰斬行情，照樣能吃吃喝喝聊天不當一回事，那麼就算你用了 95% 資金去買股票，這也只是一筆閒錢而已。而此時的不慌不亂，代表你熟知公司，也代表自己對於資金控管必有妥善安排；不慌不忙則心不亂，不亂，也不容易讓自己砍在阿呆谷。

如果真的要將閒錢量化，建議可以用你領到的股息來當作標準，也就是股息領多少，閒錢就算多少；例如今年領 100 萬元股息，代表你有 100 萬元閒錢。

那麼工作薪資和獎金收入呢？將收入扣掉食衣住行育樂等生活開銷，剩下花不到的錢，就是一種閒錢。

其實大俠並不推薦縮衣節食去投資股票，大俠只推薦縮衣節食去投資自己；因為投資自己，讓自己能產出更多的資金收入來買進更多好資產，這樣才是更好的正循環。

在資金有限的時候，例如拿 5 萬元投資金融股，1 年殖利率 5%，1 年可以獲利 2,500 元；但是好好投資自己，每年收入增加的金額相信是 2,500 元的好幾倍。千萬不要吝嗇任何能投資自己，放過能讓自己在工作領域更上一層樓的機會。

當然了，如果還是想追求投資收入與工作收入同時成長，不節省一點就沒錢投資，那就在不感到痛苦的情況下，去好好思考收入該怎麼運用。畢竟當生活被限制得太過痛苦，就會很難長久撐下去。所以要撥出多少收入去投資，這個答案還是只有你自己知道。

心法 3》好公司跌深時，持續買出微笑曲線

大多數人都希望今天買進了股票，明天就得立馬賺錢；然後更希望能連續來個 20 根漲停板，直接暴富晉升資產家行列。

要知道，種植一棵果樹到長成也要 10 年，若投資人期待股票在買進後可以馬上大漲，他應該是去買樂透或去賭場才對。

別忘了，買儲蓄險至少也得放 6 年，買房子頭期款數百萬元就壓在那兒 10 年、20 年。嘴上說著要存股，才 3 天就開始研究進進出出？多留點時間給複利發威嘛！

有看過微笑曲線嗎？微笑曲線怎麼買？就是靠著資金控管買出來的。要知道，在資本市場裡，好公司遇上跌深就是最大的利多。但到底會跌多久？跌幅有多少？我想這點，身為小散戶

的我們根本無法預測。

所以在這無法預測的市場裡，我們就得靠著良好的資金控管技巧，分配好銀彈參與市場。資金大，買整張；資金小，請務必善用零股，將資金分散時間、分散價位進場，這樣也是好的資金控管分散策略。

每次的總統選舉，市場總是會有誰當選就會讓股市大跌或大漲、候選人概念股即將起飛的預測；其實不論誰當選，我們的投資計畫都得有個備案。無論如何，都別將手頭上的資金卡得太死，也千萬別看輕本業所能帶來的基礎收入。

因為在震盪中，本業穩定的收入，才是我們面臨恐慌時最有力的武器，縱使選舉結果出爐導致股市震盪，但長期來看，指數仍然不斷走出多頭。

所以資金務必要控管得宜，也要能駕馭每一波震盪。只要做到了務實投資，以及不斷地精進本業、尊重本業，想要獲得完整的市場報酬，其實一點也不難。

資金控管只要做得好，股票買起來自然輕輕鬆鬆，長期投資

務必要將資金彈藥做好妥善分配，讓銀彈的續戰力可以分批打到下一批援軍到來。而我們的援軍，有一部分就是依靠著本業所賺來的閒錢，以及每年領到的股息，所以才能夠生生不息地進場。

要知道，守城戰只要一開始，就是得撐到最後，千萬不要一下子就硬擠出資金來進場，然後就彈盡糧絕。

長期投資金融股，難免會遇到基本面、降息以及紓困隱藏呆帳疑慮尚未解除的情況。千萬不要去猜測市場，以及這個盤勢的底部在哪；就算你猜到了，也要當成娛樂性質，切勿依靠自己一時的心情去重壓個股。

一切別急，外資一定會好心來個賣超數日，虐殺韭菜來讓我們長期投資人能輕鬆進場。所以我們務必要將專注力放在分配好資金，用耐心打好守城戰，或者也可以將守城戰看成是百貨週年慶的難得撿便宜時機。

心法 4》捨棄一次性重壓，有助堅持投資計畫

大俠為什麼這麼強調要做好資金控管、分散風險呢？這是要

讓股災、疫情⋯⋯等種種會動搖市場的議題，都不會影響到自己永續的投資策略。不管恐慌如何左右市場，反正我們已經擬定好一套計畫來分散資金，所以完全不用擔心市場恐慌。

而且單筆重壓在某個時間點，心態上都會有心魔；而這心魔往往都會促使我們停止長期投資的計畫。

就像是台股大概在 2019 年初一路上漲，身邊愈來愈多人開始投資。許多初入股市的新手，對於存股、長期投資抱持著高度期待，在投資初期就興匆匆設計一張長期投資的表格，期望能按照複利的成長進度，看著資產一年比一年更高，期盼 20 年、30 年後的財富自由。

2019 年全年台股報酬率高達 23%，2020 年初還繼續創新高，結果 3 月股災一來，原本打算長期投資的人對於存股的堅持全都拋下了，最慘的是忍受不住帳面上的虧損，砍在當時的最低點。

能夠度過股災，並參與完整市場報酬的投資人，都知道資產增加的過程並不會真的按表操課；而是要腳踏實地地找出適合自己的方式，持之以恆地務實投資。持續投資的重要性，遠遠

大於美好的表格設計；要能做到這一點，其關鍵之處就在於，找到一個能讓自己不管在任何行情中，都能夠穩定投資的資金控管進場方式。

知名投資家科斯托蘭尼（André Kostolany）說：「小麥跌時，沒有買小麥的人，小麥漲時，沒有小麥。」如果擔心一次性買進，遇上連續下跌或是大回檔心理承受不住，你可以使用分批進場。

也就是，假設你有 1,000 萬元，然後一次進場買完，如果買進之後就上漲，那麼將會得到可觀的資本報酬。但不幸的是，遇上連續下跌 30% 就無法向下攤平。

如果分批買進，分成好幾批進場，除了心理上壓力減少，也能在低檔做大量布局；但壞處就是，如果一直連續上漲，那麼獲利就會比不上一次性重壓。

股票市場的漲跌，短期內很難說得準；不過，只要買大盤指數或是優質公司，長期來說走勢總是向上的。所以，與其一次性的重壓，不如分批買進，然後用股息再買入，也可以避開許多擔憂。

心法 5》投資權值金控股、大盤 ETF，輕鬆獲利

在投資標的方面，其實只要是長期投資權值金控股，或是優質的大盤 ETF，將資金控管分配好，就能夠輕鬆獲利，實在不用煩惱太多。

例如，元大台灣 50（0050）一直都是相當好的標的，有些人靠著元大台灣 50 得到大盤的報酬，但偏偏還是有人賠錢出場，其問題點就在於有沒有做好資金規畫。

投資人要知道，就算是再好的標的，如果沒有搭配良好的資金控管終究也是白搭；因為你用了失去自身平衡的資金去投資，根本無法安心承受大盤的健康回檔。

大俠使用的其中一種資金控管方式「不定期不定額」，就是將資金分配成可以連續買進直到領息日的方式；把資金分配好，這樣才更能長期在市場上生存，並且獲得長期投資的市場報酬。

千萬不要想著今天買入，明天就得大賺這件事，你已經決定要長期投資，卻時時想著要快速停損再撈底，這樣就與長期投

資的觀念背道而馳。

長期投資人最喜歡的，應該是投入資金時股價下跌，讓我們能夠用同樣的資金買到更多的股數。下跌其實是給我們買進的機會，不要一看到買進後下跌，就緊張、「沒擋頭」地出場。

在投資之前，應該就要想好資產配置與資金控管這兩件事，並且用閒錢去參與股市大漲或大跌，避免短期獲利、短視近利。優質好公司，只要搭配明確的投資週期，再善用資金控管分批進場的規畫，都能創造穩定的獲利。

2-2 小資族透過零股交易 資金分配更安心

一般人資金有限，不見得每個月都有閒錢可以買整張股票，但誰說股票只能買整張呢？而且在資金有限的情況下，如果將存了好幾個月的錢一次買進，可能就沒有剩下多少資金，可以分批方式面對走空頭的市場。

即使是小資族，大俠也認為最好的資金投入方式，是將資金切成數份來布局；良好的分散時間、分散價位，是非常好的資金控管策略。

現在台股可以在盤中交易零股，可說是眾多小資族的福音。不過我知道有些小資族嫌盤中零股比整張還貴，堅持要一次買整張比較划算；其實，也才差個幾毛而已！搞不好今天買整張，明天整張跌的幅度還比零股溢價更多。所以投資還是得回歸到資金控管的重點，也就是要將資金分批分配在完整的均線上。

小心省了手續費，卻增加持股成本

小資族千萬別因為過於計較小錢，而忽略掉零股的實用性。為了省一杯飲料的手續費，讓自己硬擠出一張的錢打進市場後，就再也沒有資金可以去承接下跌的行情。

像是 2020 年 2 月中～ 3 月初的時候，就有不少投資者眼看著一路上漲的行情，不顧一切梭哈全部資金，硬是要買 32 元的兆豐金（2886）。

結果，3 月股災行情急轉直下，兆豐金連續下跌，最低跌到 26.2 元；先前梭哈的人已無法擠出更多閒錢去承接下跌的價格，只能眼睜睜錯過絕佳的買進機會。同時，錢還不夠買整張的小資族，因為不願意買零股，也錯過了此段期間的低點；等之後錢夠買整張時，或許又只能買在除息行情的相對高點，之後面臨貼息又無後繼之力往下低接。

如果一開始就採取另一套策略，選擇使用零股，並將資金做好分配來買進 —— 原本要湊足 3 萬 2,000 元才能買 1,000 股，但因為資金分配得好，順著均價買下來，搞不好平均只要用 2 萬 8,000 元就能買到 1,000 股，早就利用恐慌行情買

出微笑曲線了。

大俠也有遇過一個案例是，小資族想要買台積電（2330），但是他不想買零股、只想買整張，可是資金一直不夠；結果一等，就眼睜睜看著台積電從 300 元漲上了 600 元。股價上漲速度超越了本金存入速度，整張股票的市價也已經遠遠超過當時的零股價，導致能買到的股數反而更少。

所以你說，零股會比整張貴嗎？大俠一直認為，沒有將資金分配好，花的成本才高呢！

紀律買、拼複利，零股分散買進可參與完整行情

但也許你此時想，如果一直漲上去，那麼零股策略能賺的錢，就不如買整張了呀！關於此點，大俠還是要建議，長期投資最重要的不是短線追漲，而是要拼複利。要知道，超漲的行情必定也會跌回正常該有的水位，所以與其貿然追高，還不如維持一開始就定好的紀律。

紀律就是自律，別反覆無常，也不要人云亦云；長期投資我們可以用股息再去複利，藉此去平滑整段買進均價。

買零股的好處是讓小資族能分散時間進場，因為市場不可預期，誰知道會往上還是往下？善用零股、善用資金分割，不用想太多。

太介意零股與整股價差，反而容易錯過好買點

而在實務上，零股的成交價常常會高於整股成交價，所以委託價格要是沒訂好，會遇到不易成交的困擾。因此對於小資族常有的疑問：「零股要怎麼買比較容易成交？」我的看法是，成交量大的權值股，其實零股跟整股現價的價差不會太多，如果真的想快速成交買到零股，訣竅就是買方出價讓賣家滿意即可，只要嘗試多掛高幾個檔位，就很有機會早點買到。

而且，因為目前盤中零股是每 3 分鐘集合競價撮合一次，所以你掛高幾檔，真正成交時也不一定會用高掛的價格成交，只是順序會排在比較前面。這也是為什麼零股成交價通常會比整股現價貴上一點點的原因，當很多人都想買，也不在乎一點點價差，就會稍微高掛買進。

以前只能買盤後零股的時候，各券商的下單手續費最低是每筆 20 元起跳；所以很多小資族認為，只買 3,000 元就要付

20元，手續費率0.66%，比一般手續費0.1425%高出很多，實在不划算，所以很排斥用零股分次買進。不過，自從盤中零股上路後，很多券商都將最低手續費降到1元起跳了，手續費的困擾應該也能消除了。

其實大俠認為，成交價的些許價差以及分次買進的手續費，跟長期複利下所能賺到的獲利相比，只是微不足道的零頭。如果小資族硬是要湊滿整張的資金才參與市場，除了在存錢時會壓縮到生活的品質，恐怕還會失去進場好時機。

長期存股投資在建立部位的過程中，最心痛的就是「低價在眼前，卻沒有子彈可以加碼」；所以很多人只知道買整張、卻不知道可在資金不夠時利用零股來執行進場計畫，實在非常可惜。一開始會覺得零股成本比較高，等到股市下殺時才會覺悟，原來資金控管更有利於以低價買到股票。

長期下來，除非自己真的有本事買整張都能買到低點，不然買零股真的比較容易分攤風險。而且，零股每次買進的投入資金相對少，更能讓投資者長期穩定投資，不會因為一次壓進所有資金而對股價波動患得患失。再說，往往參加一次除息，交易價差和手續費就賺回來了，搞不好還能在下殺過程中，利用

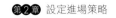

零股買進的技巧，用便宜的價位買到更多股數。

不要高估自己的心理抗壓強度，要是一次壓進多數資金，當股價緩跌 1 年至 2 年，就很容易慌到全部砍在最低點。

在上漲的行情中，分批買進是有可能會犧牲一些報酬；但分批買進遇到下跌行情時，就有降低成本的優點。整體而言，零股分批買進能降低波動、克服心魔，更能幫助投資人在股市裡存活。

不管是定期定額或是不定期不定額，只要能分散價位、分散時間，都是良好的分散方式。要知道，咱們長期投資人之所以能輕輕鬆鬆，都是利用良好的資金控管，打出輕鬆到不行的複利效益。

2-3 不定期不定額投資 在股價下跌時布局

「不定期不定額」這招資金控管的核心原理十分簡單，就是將股息或者閒錢，平均分配在每一個下跌交易日，主軸就是用「現金流買資產，來產生更多的現金流」。善用資金分批的技巧，能讓自己有源源不絕的銀彈可以分批買整張或是零股，等待下一次的配息，又可以繼續分配持續買進。「不定期不定額」的基本意義如下：

◎**不定期**：跌買進，漲看戲。不知道哪天有跌，等有跌才執行，所以稱之為不定期。

◎**不定額**：每次買進的金額是根據目前「剩餘閒錢或股息」，以及「剩餘領息交易日」所計算出的結果，公式為「**剩餘閒錢或股息 ÷ 剩餘領息交易日＝今日能買進的金額**」。因為每次進場前都要再計算一次，所以稱之為不定額。

一般版》只要股價有跌就執行

只要股票有跌，大俠就會啟動不定期不定額策略。假設今天兆豐金（2886）股價下跌，大俠的剩餘戶頭閒錢或股息只剩下 15 萬元，且距離下一次的兆豐金領息日為 150 個交易日，那麼大俠就會將資金切成 150 份，那麼今天可以買進的金額就是 1,000 元。如果今日兆豐金的股價是 29 元，就可以在盤中下單買進 34 股，算式如下：

◎今日可以買進的金額＝ 15 萬元 ÷150 個交易日＝ 1,000 元。

◎今日可以買進的股數＝ 1,000 元 ÷29 元＝ 34 股。

優勢 1》遇到恐慌行情，可以保留資金買進

這樣做的好處在於，就算兆豐金接下來連跌個 150 個交易日，大俠照樣可以天天買進，而且還可以買到領息後再繼續買下去。

把資金控制得好，持續地分配股息或閒錢來買股，這樣長期投資才能催動出良好的複利報酬。資金如果控制不好，在自認低檔位階時就貿然大幅度買進，此時很容易遇上「低還有更

低」的恐慌行情。

真正的恐慌是什麼？是在殺盤的過程中，自己的資金早就用完，並且無力地看著市場持續賣壓賣超。

當年諸葛亮北伐大軍，就是因為糧草不濟的問題，輸給了司馬懿一個「守」字。我們長期投資者必須善於守城，等待援兵、等待股息的到來，而不是貪於攻擊。

不貪功，取得糧草資源分配的絕佳優勢，就能輕鬆在場上活下來。而且兆豐金這檔股票，還有 10 大股東一起守，我們小股東要怕什麼？

利用「不定期不定額」的買法，可以輕鬆做好資金上的控管。大盤如果高漲則買少，遇到連續下殺則相對應的買多；所以遇到連續上漲，你可以保留資金；遇到下跌時，再依照「不定期不定額」的方式，來計算今日能買進的金額及股數。

如此，每次能進場的資金具有浮動性以及即時性的規畫。

優勢 2》透過盤中零股交易，讓資金買在市場均價上

尤其是現在開放盤中零股交易，不定期不定額的買法，能讓資金控管更靈活，讓小資族也能用分批買進的方式參與市場。分散時間、分批價位都是分散策略，更能長期將資金「不定期不定額」參與在市場均價上。

此法同時也能夠延長資金的續戰力，讓我們持續買到下一次領股息當天，領到息後也能繼續將資金買進好資產來生出更多複利，輕輕鬆鬆達成買股生息，進而打造生生不息的長期複利報酬。

如果接下來的 150 天當中，一連漲了 10 天，那咱們就先保留實力蓄積資金，等跌價的時候，再根據當時的閒錢以及剩餘領息交易日計算要分配買入的資金；每次進場前都重新計算一次當日可投入的金額，好處可以絕對做到資金控管，並且隨時保留適當的餘額做分批進場。

同時搭配定期定額計畫，上漲期間可提高資金效率

不定期不定額的強項在於「連續性下殺能做到低檔布局」，但缺點就是連續上漲時，資金效率會過慢；所以大俠也會同時搭配定期定額的計畫，不僅在下跌中依舊能夠連續買進，在上漲的過程中也能定期進場。

這樣的資金控管分批進場觀念簡單易懂，只要是各種可以長期投資的優質股票或是優質 ETF，都可以自行套用；不用太過費心於什麼技術面、籌碼面或是什麼董監改選行情；搞長期投資，只要堅持紀律分批買進，靠著股息產生複利，複利就會將整體進貨成本平滑化，也會在數年之後推升整體報酬。

所以，長期投資就是長期參與市場報酬，並且在擁有足夠現金流來支應生活之前，「咱們專注本業，閒錢投資」，大俠總是這句老話。

進階版》領股息後的 3 種進場模式

在領到股息之後，如果想要根據兆豐金的營運表現，去執行不定期不定額的進場週期，大俠建議可分成 3 種模式（詳見圖 1）：

1. **領息時，兆豐金年初至今的累積每股盈餘（EPS）＞去年同期**：那麼大俠會將股息分批買到今年 12 月底，也就是用「股息 ÷ 剩餘年初月報出爐日」來規畫。

2. **領息時，兆豐金年初至今的累積 EPS ＜去年同期**：那麼

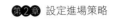

大俠會將股息分批買進到隔年 4 月底，用「股息 ÷ 剩餘股利政策公布日」來規畫。

3. 如果公司發生特殊事件或暫時看不清楚營運，也對未來有疑慮：那麼在領到股息後，大俠會將股息分批買到隔年的領息日，此方法最無壓力：「股息 ÷ 剩餘領息交易日」來規畫。

以上 3 種分段法，如果還不是很清楚，大俠會在 FB 粉絲專頁提及原因，以及分享大俠認為目前最適合用的是哪一段。

採取不定期不定額計畫，就算是小資族，也能夠分批買在自己設定的價位；像大俠就是「買綠」，也就是在股價比昨日更低時進場；就算只有開盤綠，但是盤中變紅，大俠也會視為進場訊號。這麼零散的買法，好處是比定期定額能買進更多綠字出現的股價，因為定期定額是在固定時間內買進，不管價格高或低。

不定期不定額的策略可以讓我們在高檔買少、低檔買多。要知道，長期投資人想要存活到最後，不是一下子就將大量的資金打入市場，其精髓在於要透過數年來將每年的閒錢及股息，去分散時間、分散價位的慢慢布局。而慢慢變富有，就是複利

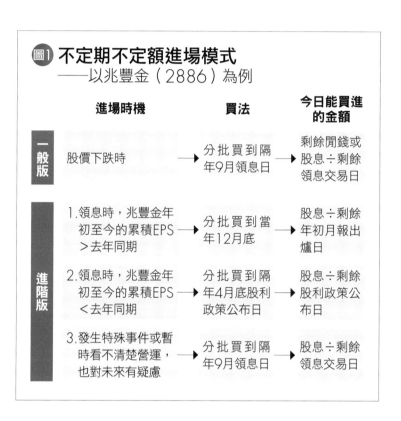

圖① 不定期不定額進場模式
——以兆豐金（2886）為例

	進場時機	買法	今日能買進的金額
一般版	股價下跌時	→ 分批買到隔年9月領息日	→ 剩餘閒錢或股息÷剩餘領息交易日
進階版	1.領息時，兆豐金年初至今的累積EPS＞去年同期	→ 分批買到當年12月底	→ 股息÷剩餘年初月報出爐日
	2.領息時，兆豐金年初至今的累積EPS＜去年同期	→ 分批買到隔年4月底股利政策公布日	→ 股息÷剩餘股利政策公布日
	3.發生特殊事件或暫時看不清楚營運，也對未來有疑慮	→ 分批買到隔年9月領息日	→ 股息÷剩餘領息交易日

的投資法。

所以，現在大盤到底是幾萬點？KD、MACD多少？甚至是不是邪惡的第5波？這對我們來說都微不足道，因為我們只會用紀律來長期投資。

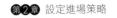
短期存得慢，長期耕耘必能豐收

在長期投資的領域，一開始常被質疑的點就是「你們這樣存太慢了！」「這樣賺太少了！」但是時間會證明，長期存股會漸漸有成，當你的朋友在短線買賣上也不見得能取得他想要的報酬時，你將會聽到「如果當初像你一樣操作就好了；當初看2字頭就覺得貴，沒想到現在已是3字頭。」

存股是持久戰，最大的後盾就是時間，用時間慢慢在低檔累積大量的股數，雖然一開始不快，但是股數累積出來後，隨著大盤位階上升，整個資本利得的報酬很快就會起來。所以，為什麼大俠常提到，在股息一樣的情況下，股價一直上漲，其實不利於我們做長期投資？因為同樣的錢，所能累積出來的股數就會變少了。

這套不定期不定額的資金控管，非常適合投資不看線、不看KD的存股者，也可套用於其他適合長期投資的股票。

咱們要認清，身為散戶、奈米戶，就是訊息取得速度肯定沒有法人、外資以及大戶還快，資金也肯定沒比別人雄厚。想要立於不敗之地，就是要專注投資好公司，然後撐得久；並且在

好公司落難時，雪中送炭買進便宜股數，然後守株待兔以逸待勞，用時間換取獲利的空間。

存股者最忌沒分配資金，就貿然重壓進場

長期投資就是要做好資金控管，專注本業、閒錢投資才能細水長流；漲看戲，跌買進，連續漲的時候不要忙著追高。要知道，市場一直都在，不要著急，等跌的時候就按照能力適當買進。自己要清楚自己的現金流剩多少，做好資金控管買在每一個下跌日，不論整張或是零股都按照長期投資的紀律，量力而為的投資。

如果沒分配好資金規畫就貿然進場重壓，很有可能昨日全砍，然後明日又進場梭哈追高。長期投資盡量避免做出一次性的重壓行為，除非你有內線，要不然市場是絕對沒在跟你開玩笑的。

要知道，外資布局是數十年以上的，你卻想要在短短時間內就戰勝它？大俠承認自己不是這塊料，所以一直使用不定期不定額以及定期定額來分配資金，陸續布局在每一次的下跌，並且讓自己的資金水池能夠撐到股息的注入，也就是援兵來到的

那一刻。

金融股的獲利方式，不在於它能暴衝上漲多少，而是在於跌的過程中你能夠承受多少？你的資金分配又能做到多少？而能承受多少，未來就能將這些承受轉為獲利。

投資人唯一要煩惱的是，自己的資金控管能力，有沒有辦法在外資下殺的過程中，逐一撿走外國人的泳褲？只要敢雪中送炭的買在賣壓，等外資回頭後，它就會變成我們長期投資人的提款機。

其實投資這條路，技術線型都只是拿來輔助的。沿著 5 日線往上買一定不會跌破嗎？跌破 5 日線出清，難道不會隔天又上漲的嗎？所以，成功投資的關鍵真的是在心態以及資金控管的方式，本書關於心態就占了大概一半以上的篇幅。

在股價上漲暴衝的過程中，一起進場追高的籌碼並不安定，有許多散戶進場只是想要追短線獲利而已，一時的風吹草動、杯弓蛇影，散戶就會變成「閃戶」。但是只要我們有好好地分批資金，就能在下跌時持續買進，而一同做左側交易（詳見註1）的投資者，肯定是有做好功課的「忠實戶」。

不定期不定額的買進策略，就是在好公司下跌的過程中，做好分配買進的計畫，然後跟著忠實戶一起進場撿走他人穿不牢的泳褲。因為與忠實戶一起長期持有，安心多了。

所以說，你做長期投資比較想要與做短期價差者為伍，還是與長期投資人當夥伴呢？想當然耳，一定是長期投資人吧。

專注本業，閒錢投資；買好公司，資金控管；一張不賣，奇蹟自來。

註1：左側交易指在股價下跌到谷底而後上漲的過程中，以谷底為分界線，在下跌觸底過程的谷底左側買進即為「左側交易」，為逆勢交易法；在觸底後上漲的谷底右側買進則為「右側交易」，為順勢交易法。

2-4 定期定額投資
不論多空都能持續建立部位

「大俠，我平時上班沒時間看盤，有沒有比不定期不定額更適合我的進場方式？」網友問。

「你可以嘗試定期定額的申購計畫。」大俠回。

假設你目前有 100 萬元左右的閒錢，可以長期安心地投入股市，那大俠建議你用 1 年的時間分批買進。

實際操作時，可以設定每月 3 次的進場時機，1 年總共就會有 36 次的進場。將這 100 萬元除以 36 次，得到 2 萬 7,000 元（去掉零頭），也就是每一次可以投入 2 萬 7,000 元買進股票。

而每年只要固定時間去檢視定期定額申購金額有沒有需要調

整；如此一來，資金的調度就設計完成了。

初階版》用 1 整年時間布局，每年設定 1 次

定期定額最適合上班不能看盤族，因為只要 1 年設定 1 次就可以了，而且設定的方式十分簡單。

再以大俠投資的兆豐金（2886）為例，每年大約是 9 月多領到股息，那麼大俠就會在 10 月做整年度的規畫──每月 6 日、16 日、26 日分別買進；1 年有 12 個月，所以會買 36 次。

假設我 10 月時戶頭有可以用來定期定額的閒錢 72 萬元，那麼我就會用 72 萬元除以 36 次，每次進場 2 萬元，這樣剛好可以分批布局在一整年。然後隔年 10 月或是提前 1 個月，再看戶頭閒錢還剩下多少，再思考分批的金額或者次數有沒有需要做調整即可。

而在定期定額的過程中，每年工作有剩餘的閒錢，或是領到股息還用不到的部分，都先存到證券帳戶裡頭，等到每年 10 月就開始設定分批 36 次進場的定期定額計畫。當然，以上是大俠個人的習慣，你自己想在哪個月份開始設定都可以；大俠

選擇 10 月開始規畫只是因為 9 月會收到兆豐金股息，所以從 10 月開始執行定期定額比較方便計算。

如此投資，連看盤都不用看，就能輕輕鬆鬆長期持有並每年參加除息。

進階版》根據股價慣性，集中在低檔區扣款

初階版的定期定額，是用一整年的時間布局；但是如果熟悉這檔股票的股性，知道每年低檔跟高檔區間及時機，那麼就可以在定期定額的週期上稍作調整，更能有效率地集中資金在低檔區做布局（詳見圖 1）。

例如兆豐金每年 8 月除息後，通常會展開貼息，我們就可以利用這段低檔期間做布局。要怎麼買？可以根據兆豐金年初至今的累積每股盈餘（EPS），選擇其中一種做法：

1. 除息後，兆豐金年初至今的累積 EPS ＞去年同期：8 月除息後，通常已經知道當年 1 月～ 7 月累積 EPS。如果比去年 1 月～ 7 月更好，就可以將資金集中在 8 月中～ 12 月底這個區間買進。因為每月買 3 次，8 月中到 12 月底一共會有

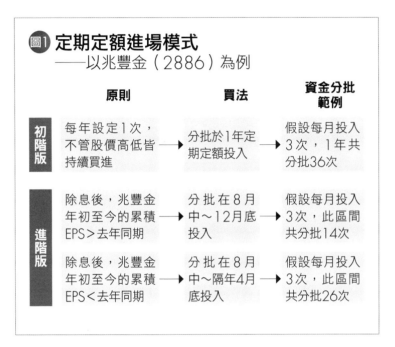

圖❶ 定期定額進場模式
——以兆豐金（2886）為例

	原則	買法	資金分批範例
初階版	每年設定1次，不管股價高低皆持續買進 →	分批於1年定期定額投入 →	假設每月投入3次，1年共分批36次
進階版	除息後，兆豐金年初至今的累積EPS＞去年同期 →	分批在8月中～12月底投入 →	假設每月投入3次，此區間共分批14次
	除息後，兆豐金年初至今的累積EPS＜去年同期 →	分批在8月中～隔年4月底投入 →	假設每月投入3次，此區間共分批26次

14 次進場時機，只要將資金分批在這 14 次即可，72 萬元資金每次約可買 5 萬 1,000 元。

2. 除息後，兆豐金年初至今的累積 EPS ＜去年同期：若 8 月除息後，兆豐金 1 月～ 7 月的累積 EPS 遜於去年 1 月～ 7 月，那麼我們可以採取以 8 月中～隔年 4 月底這個區間買入。因為每月買 3 次，會有約 26 次的進場時機，只要將資金分

批在這 26 次即可，72 萬元資金每次約可買 2 萬 7,000 元。

為什麼要這樣分呢？因為隔年 1 月初全年度的 EPS 出爐後，通常兆豐金只要獲利勝過去年，股價往往會明顯起漲。如果全年度獲利遜於去年，那麼兆豐金的股價要起漲，通常會發生在隔年 4 月底董事會公布股息後；所以才需要將資金分批進場的時間，拉長到隔年 4 月底。

當我們了解股性，就可以將定期定額更加效率化了。簡單做個比較，初階版定期定額是 1 年固定進場 36 次；進階版定期定額則是在每年除息後，根據當年度 EPS 的表現，集中在 14 次或 26 次買入，會比初階版定期定額買法更有效率。

要特別注意，投資人要對這檔股票的股性十分熟悉，才有辦法使用進階版的定期定額；否則在還不熟的情況下，大俠還是建議你使用傳統的定期定額，以及不定期不定額分批買到下次領息日這 2 個方法就好。

資金可一半定期定額、一半不定期不定額投資

「不定期不定額」和「定期定額」各有優勢，只有一筆資金，

要怎麼選擇才好？

「定期定額」有個小缺點在於，定期定額只會在固定天數、固定金額買進，有可能會買在相對高的價格；遇到恐慌連續下跌，能買到的股數，也遠不如不定期不定額買得多。

但是定期定額的優勢，就是在連續多頭的行情中，也能夠按照固定的天數來紀律買進，穩穩增加股數。整體而言，定期定額可以買在平均值，再加上多年領到的股息以及股息再投入，能夠催動出複利來讓自己的股息與年俱增；這個方法相當適合認真上班不能看盤的長期投資者，設定完定期定額扣款就不用再煩惱。

「不定期不定額」的優勢則在於，能夠在底部布局相當的部位；比方說除息後連續下跌 50 幾天，在那 50 幾天就可以按照不定期不定額的策略連續買進。

但是不定期不定額在連續上漲多頭的行情，就顯得有點弱勢，而且對於上班不能看盤的人，有點不太好用。

兩種買法，請自行衡量。大俠自己是兩種方式同時進行，也

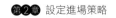

就是一半閒錢使用不定期不定額，另外一半閒錢使用定期定額。這樣不但可以維持定期買進的紀律，同時又不會錯過股價下跌時的加碼時機。

　　大俠相信，長期投資優質官股金控股最簡單的方式，就是用股息或閒錢，分批買到下次領息前，等領到股息後又持續買下去！衡量好自身到底有多少錢、有多少股息，然後安排好投資的週期後就按著紀律進場；經過 1 年的循環，帳戶裡頭又會有閒錢及股息進帳，補充彈藥然後繼續投資，達成生生不息的投資境界。

　　長期投資只要做好資金分批進場規畫，就可以輕鬆地做到不看盤、專心上班的長期複利計畫。而且帳戶餘額也因為資金分批，所以會保留相當的餘額作為預備金，如此就能輕輕鬆鬆做好資金控管；每年領到股息後，繼續用股息再買入來產生複利。同時也要保持專注本業，每年才能穩定輸出我們所投入的金額。

　　如此一來，股息、複利以及本業的穩定，就能夠打造出一台無時無刻都在幫你工作的印鈔機。總之，資金控管好，進場沒煩惱。

至於要買到什麼時候才夠呢？至少要達成：

股息一半能 Cover 生活開銷；
股息另一半能 Cover 繼續投資。

如此即達成簡單的存股之道。

2-5 存股不應急著獲利了結 3 理由出現才考慮賣股

「兆豐金（2886）最近漲了，為何不賣掉賺個價差？」網友問。

「如果賣掉之後還繼續上漲呢？那大俠我豈不是得花更多的錢，才能買回一樣的張數來領股息呢？」大俠回。

中華電（2412）70 元賣掉等低點買回，台積電（2330）300 元賣掉等低檔買回⋯⋯殊不知同樣的錢，原本可能可以買 10 張，卻因為賣掉之後，等了幾年變成只能買 7 張甚至不到。

這就是在多頭的時代，任意將資產換成現金而錯過上升漲幅，造成買回時的張數減損，這點對於長期投資者而言，可說是相當大的傷害。

存股應追求累積張數，以完整參與公司成長

長期投資，我們在乎的是股東的分紅，以及長期參與公司的成長，並不在乎藉由高高低低的股價來做買賣；累積長期能持有的張數，才是我們的重點。

賣出再買回，為什麼會有張數減損這種現象呢？主因是優質的資產漲價，造成現金實質購買力下降，這樣還不如老老實實地參與完整市場，每年乖乖參加除息。

而得到的配息如果不是為了支付生活開銷，大俠建議可以再滾入市場來繼續長期投資。如果一直將閒錢閒置，非常有可能會被熱錢環境吞噬掉現金實質購買力，導致自己原本可以買 1 張，結果因為沒有正確參與市場，使得同樣一筆資金變得只能買 1 張不到。

不過，大俠還是要說，市場上的確還是有交易者可以靠著殺進殺出來賺大錢，但我們可以先想想，自己是不是這種人，以及適不適合這種交易模式？如果不是的話，那還不如提早接受事實，提早以長期投資的方式慢慢滾出複利。因為對我們這種不擅長殺進殺出的投資者，穩定持有優質股票，只要靠時間就

能夠取得獲利，尤其官股金控這種牛皮股，特別適合長期用複利來玩出大獲利。

就像是很多人一直在等卻等不到股災，還有很多人一直在等政府打房讓房價崩跌，結果愈等房子愈貴，手上的現金變得愈來愈不值錢。了解優質資產會愈來愈昂貴的道理，並且用正確的方式參與市場，才不會滿手現金愈抱愈不值錢。

不需停利再買進，以免買不回原有張數

也常有網友問大俠：「嘿，大俠，假設你的買進成本是 20元，當股價來到高點，你會將部分獲利賣出，然後等待市場恐慌，再低價買入更多的股數嗎？」

大俠總是回答：「這樣的操作，理論上是可以輕鬆做到，但實務上卻很容易被這熱錢四溢的市場環境給軋到。」

怎麼說？儘管我很熟悉兆豐金的股性，不過我盡量不去預測高點做進出；尤其是現在市場充斥熱錢，股價就算下跌，也不一定能跌回我們以為的低點。要是在自認的高點出場，卻抓不到買回的時機，反倒會發生張數減損的後果。

例如，原本 100 張兆豐金成本 25 元，漲到 29 元賣掉 100 張後，股價卻一路漲到 33 元，又急忙買回，但手頭資金只能買 87 張；賤售自己早期持有的兆豐金，真是得不償失。這樣的操作法可不是亂蓋，大俠就認識不少人在 2019 年初以 26 元左右賣掉兆豐金，然後在 2020 年疫情發生前又於 30 元以上買回。

換個角度去思考，2020 年兆豐金除息後貼息貼得這樣慘，大俠拿每股 1.7 元的股息去買，還可以增加更多股數不是嗎？也不用提心吊膽，擔心賣掉後被外資來襲軋到一手。永遠別忘記，**用股息買股才輕鬆。**

所以大俠一再的強調「長期投資」，靠複利去買進。同樣的股息，你去買貼息價格比較輕鬆？還是用同樣的股息去買很快填息完成的金融股比較輕鬆呢？想想就知道囉！

長期投資人只要堅持 3 年～ 5 年，逐年累積出來的報酬已是非常可觀；複利效果和資產成長的程度，可以讓長期投資人做到處變不驚，有如老僧入定，淡然看待市場的恐慌。

套一句《倚天屠龍記》裡《九陽真經》的經文：「他自狠來

他自惡,我自一口真氣足。」不管市場再怎麼凶險,我們只要
維持好自己的步調就能安然存活,我也可以說「外資賣超它爽
就好,我買進用股息足。」

其實如果存股存到一個程度,停止投入資金也是一種停利方
式,因為成本會固定在那邊,只要每年純粹領股息即可。但通
常已達成這境界的投資人,我相信也早就懶得賣來賣去了吧!

老是猜測高點在哪,會搞得自己很累,還神經兮兮地跑來跑
去,出場後還不一定能買回當初的價格;還不如專注在好公司
的價值,多趁恐慌的時候買股票,上漲時只要輕鬆看戲就好。

如果非得做價差,可在 12 月買進官股金控

大俠也明白,有些投資人總是想在資金效率上追求極致,而
其實兆豐金也不是完全不能做短期的價差,只是既然要做,就
要選擇最有利的時間。

根據大俠觀察兆豐金及其他官股金控歷年的股價慣性,發現
每年的 12 月,是最明顯的價差週期,因為該月份會遇到外資
年底放假前的結帳賣壓。

如果是我自己要做價差，我會等到每年 12 月初時 11 月的自結每股盈餘（EPS）出爐；如果年初至今累積 EPS 勝過去年，我會趁 12 月底外資賣壓結帳週來分批布局兆豐金。

布局完畢，就坐等隔年 1 月 10 日左右 12 月盈餘數字出爐，因為根據過往經驗，只要去年全年累積 EPS 超過前一年，此時股價會有很高的機率起漲，接下來再找時機獲利出場。

為什麼隔年 1 月之後有機會起漲呢？主要原因是此時取得的數字是去年全年度，不確定性至此已消除了大半。接下來等 4 月底的董事會公布股利政策，就能迎來除權息上漲行情，也就是兆豐金的第 3 段填息行情。

出場價位的設定，大俠會採用預估股息，去反推合理股價的上緣。假設全年累積 EPS 在隔年 1 月初公布為 2.08 元，乘上近 3 年平均的盈餘配發率 82.6% 約為 1.7 元，可先作為明年可能配發的股息數字。接著再將 1.7 元除以殖利率 5%，得到 34 元，這就是合理股價的上緣，也就是在隔年除息之前可能接近的最高價位。

34 元以內，對長期投資人而言是可以進場領息的價位，但

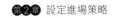

對於已提前在 12 月底低檔布局的價差投資人，則是可以考慮
出場的價位。比較保守一點的則可以將這個價格扣掉預估股息
1.7 元，得到 32.3 元，把 32.3 元～ 34 元作為獲利了結點。

遇「換房、買地、換股」3 理由，才應考慮賣股

大俠常講，做股票就是要做自己擅長的股性，找到適合的交
易週期，才能獲得長期且穩定的獲利。不過長期投資真的完全
不賣股票嗎？

大俠認為，只有「**換房、買地、換股**」，這 3 個原因才需
要賣股票。

前兩個原因不難理解，長期投資的市值到達可以買塊地或者
添新房，即可依個人需求在最好的時機做資產轉換；至於「換
股」，就是有更好標的出現時。

其實存股、長期投資或短期賺價差，都是在做一樣的事情，
最大的差別就在於交易週期而已。

長期投資不一定永遠不賣，只是獲利週期跟公司營運有關。

價差投資不一定要很快賣出，只是獲利週期跟股價有關。

所以我們也可以把存股或長期投資，想成像是存錢一般，把錢存到某種程度，就去換等值的商品；就如同小時候存零用錢和壓歲錢，存到一定金額時，就會跑去買心愛的籃球鞋、喜歡的電玩一樣。

而投資也是，只是存股或長期投資的獲利週期線比較長罷了。這種投資策略就是在公司還未衰退之前，體質還未改變之前，利用股息複利來買進更多的股數，然後利用低基期的時機增加股數，壯大我們的資產。

而股市瞬息萬變，現金貶值速度更快，所以大俠會選擇盡量將資金參與最完整的市場報酬跟週期，在沒有出現上述 3 個賣股原因時，就不會隨意出場。

當公司沒出問題，10 大股東裡頭的「施惠者」、「既得利益者」以及「監督者」們都穩固如山，公司營收、獲利累積也都維持穩定或成長，我們股東只要維持紀律投資，然後長期參與報酬即可。當買進理由以及護城河依然存在，也就沒必要因為股價高漲而賣掉這台可以印鈔的機器。

過年前想賣股換現金，可觀察累積 EPS

大俠也遇過有人詢問，過年期間放長假，擔心年後市場有大變動，不知道該抱股過年？或是賣股換現金？

首先要問自己，這筆用來投資的錢是不是閒錢？如果不是閒錢，那麼就在過年前看一下目前年初至今的累積 EPS，有沒有勝過去年同期？如果有勝過去年同期，則繼續抱股；若沒有勝過去年同期，那麼調整一下也無妨。

抱不抱股，取決於公司的營運狀況——好則留，如果不好且缺現金流，則賣出一部分換現金，倒也是合情合理。

但是大俠還是要再次呼籲，投資永遠要使用閒錢；否則很容易在行情還沒起來之前，自己就因為缺少現金流而被迫賣股，真的是得不償失。假設賣完股之後行情才往上衝，錯失賺錢機會恐怕造成比賠錢更難受的椎心之痛。若是發現自己錯殺後，又急忙進場追高，那又將是一個失敗的開始。

第3章

掌握恐慌心理

3-1 把握 3 原則投資 無論市場漲跌皆賺

　　長期投資一定會遇到市場的漲跌，我們投資人只要選對好的股票，並且遵守以下 3 原則：

原則 1》高檔維持紀律投資

　　「萬點存股？笑死！」從 2019 年台股站上萬點之後，就很常聽人講這句話；就算是 2020 年 3 月股市一度暴跌，也很快回到萬點以上。然後大盤就漲到萬六、萬七了，萬點已經變成地板。

　　曾經的高點，早已成為回不去的低點。1 萬點時不屑進場的人，如今恐怕因為不甘心買貴而更不敢進場。

　　高檔維持紀律投資，就是因為不確定多頭行情會走到哪，所以需要用定期定額這種不預測行情的紀律投資買法參與市場。

就算在高檔進場，遇到股災或貼息行情，便可拿股息去加碼，心情自然輕輕鬆鬆。

原則 2》恐慌時勇敢大力加碼

空頭時的股市崩跌一向被視為「股災」，很多人避之唯恐不及，發生大跌時只顧著逃難。其實，對於獲利週期很短的價差投資者來說，在行情崩跌的一開始先逃走是對的，因為這樣才能在相對高檔保住資金，以利低檔時重新布局。不過，對我們獲利週期是長達好幾年的長期投資者來說，就沒有必要這麼做了，反而要在行情崩跌時大力加碼才對。

大俠有句話是這樣說的：「**因為擔心股災，所以不敢參與完整市場的人，永遠也想不到多頭對他們來說，也是場股災。**」

原則 3》用股息買股產生複利

只要在還沒有退休、目前還不需要靠股息現金流來度日的階段，投資人都一定要把領到的股息，再拿去買股。這樣持續地用股票養股票，用股息創造更多的股息，就會產生強大的複利效應。

高檔維持紀律投資是相對容易的，因為這段期間的帳面常常

是賺錢的；但要在恐慌時勇敢大力加碼，因為相當違背人性，所以特別難做到。

接下來，大俠就要用自己的例子分享過去恐慌加碼的紀錄，並且好好談談恐慌進場的重要性及訣竅。

遇恐慌勇敢大力加碼，迅速增加持股張數

2021 年大俠將有 600 張兆豐金（2886）參與除息，這本不在原訂計畫內；進度會超前，主因是數次的「恐慌買進」：

◎ 2018 年 10 月，趁美中貿易戰動盪，新增 100 多張兆豐金。
◎ 2020 年 03 月，趁肺炎疫情恐慌，新增 173 張兆豐金。
◎ 2020 年 09 月，趁市場賣超殺盤，新增 60 多張兆豐金。

原本我打算 2020 年有 365 張兆豐金參加除息，達成「365 張金融股，股息 Cover 我每一天」的初步目標就好。只是沒想到，2020 年 3 月初遇上了千載難逢的股災，讓我有機會能在恐慌中多撿走 173 張，將總張數補到 502 張，這一年我實領的兆豐金股息達到 83 萬 7,090 元（詳見圖 1）。

圖1 3度加碼兆豐金，2020年股利逾83萬元
——兆豐金（2886）週線圖及股利通知書

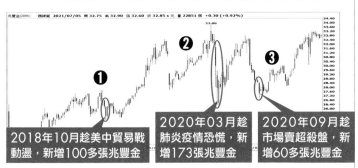

2018年10月趁美中貿易戰動盪，新增100多張兆豐金

2020年03月趁肺炎疫情恐慌，新增173張兆豐金

2020年09月趁市場賣超殺盤，新增60多張兆豐金

❶2018年9月領45張兆豐金股利，共6萬6,201元。

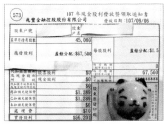

❷2019年9月領268張兆豐金股利，共44萬6,888元。

❸2020年9月領502張兆豐金股利，共83萬7,090元。

註：資料期間為 2017.08.07 ～ 2021.07.05
資料來源：XQ 全球贏家

2020 年 8 月兆豐金除息後，外資又不斷賣超，金融股也遭受各界的棄若敝屣。我在除息後的 9 月開始，又利用貼息行情，不定期不定額及定期定額繼續加碼，陸陸續續買到了如今的 600 張。

所以，大俠講恐慌買進是非常有說服力的，進場對帳單都會貼上 FB 粉絲專頁，有單，有進場，有理論，有實戰，有賺錢，實在有資格可以論述「恐慌買進」這個大篇章。

尤其是剛進投資市場的新人更要仔細閱讀第 3 章，因為即使你願意接受穩定的投資方法，像大俠打算長期持有殖利率 5% 的好股票，卻有可能因為經驗上的不足，難以撐過大俠老早習以為常的股市健康回檔修正、突如其來的股災，於是在低點砍股票殺出，從此對於投資市場心灰意冷，再也不敢涉足，對於財富自由那更是不敢再多想了。

所以，大俠在第 3 章有很多心境上的探討，要在大跌時無所畏懼，甚至敢於在底部大量布局，那麼在心態、格局及觀念這塊就要完備。

敢在股災恐慌中進場投資，首要條件就是我們對於所投資公

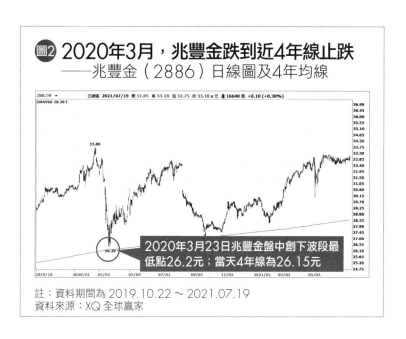

圖2 **2020年3月，兆豐金跌到近4年線止跌**
──兆豐金（2886）日線圖及4年均線

2020年3月23日兆豐金盤中創下波段最
低點26.2元；當天4年線為26.15元

註：資料期間為 2019.10.22～2021.07.19
資料來源：XQ 全球贏家

司的股性夠熟悉，也對背後的股東動向及想法瞭若指掌，自然
敢在它出現優惠價的時候收購；股票可以說是我們長期投資人
的印鈔機，而股災讓印鈔機出現跳樓大拍賣的優惠價，此時不
用力買更待何時？

　就像 2020 年 3 月疫情導致的股災，兆豐金最多只崩至 4
年線（近 4 年收盤平均價，詳見圖 2）左右就再也跌不下去了，
可以說是所有金控股中，最耐震、最抗震的優質公司。

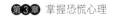

跟著國安基金進場，投資大盤 ETF 勝率高

恐慌行情剛出現的時候，因為我們不知道恐慌會持續多久，資金一旦沒有控制好，很容易會太快把可用的資金子彈打完；或者是一直想等待跌到最低點的時候再大舉進場，結果往往是摸底不成，反而錯失良機。

不管是 2020 年 3 月的股災，或是更久之前的 2008 年金融海嘯、2011 年歐債危機、2015 年 8 月中國經濟放緩引發全球股災，這幾次因為整體環境所造成的大型股災，就是市場上常講的「系統性風險」，幾乎所有股票統統一起跌。那我們要怎麼知道台股已經跌得差不多了？有一個訊號可以參考──國安基金進場。

國安基金的全名是「國家金融安定基金」，在 2000 年 2 月 9 日設立，主管機關是行政院，設立目的是「為因應國內、外重大事件，以維持資本市場及其他金融市場穩定，確保國家安定」。

所以，當股市因為大環境動盪而跌到相當恐慌的程度時，國家勢必出手穩住市場，由國安基金召開委員會議，啟動進場護

盤機制，讓市場不要過於恐慌而引發一連串災難，要是跌幅過深各方斷頭，到時候需要用更多錢來救。

只要能撐過震盪，等各國政府的經濟方案，以及一輪輪實際解決策略出爐後（講白的就是印鈔），這段期間的指數位置大概就是往後股市的底部。

根據過往紀錄來看也是如此，國安基金護盤後，通常都會打成一個長期大底。例如 2020 年 3 月股災，3 月 19 日台股收盤指數是 8,681.34 點，跟農曆春節前封關日相比，一共跌了 3,437 點，累計跌幅達 28%；當天大盤不僅跌破 10 年均線，總計更有超過 700 家上市櫃公司跌停。

3 月 19 日盤後，國安基金就召開了臨時委員會，決議授權執行祕書動用資金進場護盤；隔天的 3 月 20 日，大盤就開始止跌了，隨後展開一波驚人的 V 型反彈。

而國安基金在同年 4 月 13 日、7 月 15 日召開的例行委員會，也決議繼續授權護盤，直到 10 月 12 日宣布退場，這天收盤指數是 1 萬 2,955.91 點；從開始護盤到退場，大盤一共漲了 4,274 點，漲幅達 49%。在此之後，台股就一路上漲，

萬二萬三儼然成為台股的底部。

　　有趣的是，國安基金護盤的資金最高 5,000 億元（詳見註1），這次國安基金進場護盤，卻只花了新台幣 7 億 5,700 萬元，是史上護盤紀錄投入金額最少的一次。根據財政部公布的資料，國安基金在 2020 年 10 月 13 日到 11 月 9 日將護盤買進的股票出脫完畢，淨賺 2 億 5,800 萬元，而且在處分期間股市仍然穩定上漲。可見這個盤勢並不是缺乏資金，而是缺乏信心，畢竟國際的疫情恐慌、外資巨量賣超，以及美股難得的熔斷不止一次上演，台股當時下跌的幅度實在太深了。

　　要知道，國安基金的操盤手等級非常高，2020 年這次操作更是完美展現低進高出的股市獲利哲學：在股市崩到你崩潰時，國家隊開始進場買；漲到擦鞋童也樂觀進場時，國家隊退場獲利了結。

　　股市極度恐慌時，下跌風險有限，跌到深處時的反彈機會反而大，因為全世界沒有哪個政府會以崩盤為政績。觀念只要對了，就不容易砍在阿呆谷。

　　所以簡單說，只要在股災中看到國安基金授權執行護盤

機制，又不知道該買哪檔股票，那就放膽買大盤指數的 ETF
吧！像是台股當中有元大台灣 50（0050）、富邦台 50
（006208），都是追蹤台灣 50 指數，與大盤高度連動，裡
頭的成分股國安基金也幾乎都能 Cover 得到。

若錯過國安基金進場的買進時機，將會很可惜，尤其是
2020 年這波 V 型反彈漲上去又急又快，很多人手中都是沒
有股票的，還想等待大盤「第 2 隻腳」（詳見註 2），卻只
能眼睜睜看著股市不斷創新高。

2020 年國安基金護盤、美國印鈔威力帶來的巨量資金，也
紛紛把教科書教的 KD 20 買進 80 賣出、MACD 指標⋯⋯等

註 1：按《國家金融安定基金設置及管理條例》規定，國安基金資金來源
　　　有 2 種：1. 以國庫持有的股票為擔保，向金融機構借款，最高額度
　　　2,000 億元；2. 利用政府 4 大基金可用於證券投資但尚未使用的資
　　　金，最高額度 3,000 億元。其中，政府 4 大基金為郵政儲金及郵政
　　　壽險積存金、勞工保險基金、勞工退休基金、公務人員退休撫卹基金。
註 2：技術分析理論當中有多種底部型態，其中一種常見的型態稱為「W
　　　底」，當股價出現波段低點後會開始反彈，該低點稱為「第 1 隻腳」；
　　　若反彈後無力上漲又會下跌，跌至與第 1 隻相近的低點後再開始反
　　　彈，該低點則稱為「第 2 隻腳」。按照歷史經驗，「W 底」比「V 型底」
　　　更為常見，因此 2020 年 3 月時的底部反轉，許多投資人都很期待
　　　出現第 2 隻腳帶來進場機會。

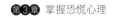

常見的技術指標規則給暴力打破。所以我們千萬不要跟印考卷的人對槓，因為答案早在他們的手中，更何況對方還可以印鈔票呢！

那國安基金退場後，要不要賣出手上持股呢？大俠建議就專心放著繼續領息就好，因為通常國安護盤退場後，基底指數都會被墊高，此時賣出資產更得不償失，因為很有可能會繼續往上漲，賣出是有很大機會被軋空手的。

也許你會問，大俠我們又沒有賣，怎麼算獲利呢？要知道，天底下的房東除非是缺錢，要不然不會因為房價漲超過房租而賣掉資產印鈔機的。尤其是我們一直在低檔買進的股票，當市場回頭時，就讓它乖乖躺在庫存裡頭當啞巴印鈔機就好。

紀律買出微笑曲線，報酬率往往超過 5%

我不斷強調，長期投資要保持紀律，使用不定期不定額或是定期定額來進行長期投資，只要參加除息數次，拿股息再次買進，經過 3 年必定會發現投資怎麼會如此輕鬆？維持紀律也可以幫助我們克服對於股價波動的恐懼。記得從前兆豐金在 23 元時，已經有人恐懼兆豐金股價漲到高點，所以不敢進場

投資，沒想到過了 4 年已到達 33 元。

所以，當所有人都在看衰我們，連路邊野狗都朝我們噴發屎尿的時候，此時更值得我們頭戴鋼盔繼續往前衝。

別忘記，市場永遠都在上演同一齣戲碼，那就是外資一定會砍到讓你渾身發寒，回頭買進時同樣也會拉到讓你懷疑人生。

恐慌時，
要是做價差，建議遠離金融股；
要是做存股，就把心態拿出來。

沒有經過股災洗禮的人，碰到股價下跌，市場風聲鶴唳水深火熱之時，要能逆勢拿錢出來投資並不容易。但有一種人，就是有辦法在這種環境下處之泰然、面不改色地進場打出微笑曲線，這種人並不是錢多的人，而是「懂得資金控管分批進場」並且持續將股息再投入的人。

要知道，存金融股不是在追求極致的價差報酬，存金融股的基本心態是期許自己每年只要賺 5%；不管明年股價高低或股息多少，最低的期待就能拿股息再買進，增加 5% 的張數。不

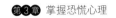

管是當年股息給得多但是股價貴，或是股息給得少但是股價便宜，我們每年用股息再買進的股票，大致增加的數量都是 5%。

存股追求的只是 5%，只要比儲蓄險或定存報酬還高就行。短期 1、2 年內環境不佳，則人棄我取，趁金融股跌回低基期，紀律布局，將眼光放在數年後。等疫情稍緩、市場春燕飛來，經濟回頭一個拉抬，整段微笑曲線的報酬就畫出來了。往往這樣傻傻地做，最後反而會賺到超過 5% 很多。

總之，別再讓 10 年後的存股教科書來告訴自己，別人是如何在恐慌中勇於進場的故事。

如果問大俠為何有如此強烈的長期持股信心？可以歸納為 3 個理由：

1. 資本主義國家股市長期走多，早買早享受。
2. 確認公司價值及轉機能力，可忽略短期財報不佳的利空。
3. 官股金控為國家經濟命脈，踩雷跌深必反彈。

接下來的文章我將一一說明。

資本主義國家股市長期走多
3-2 早買早享受

「快逃！恐怖空頭專家預言：明年美股恐崩 60%」這樣的新聞標題不陌生吧？類似這樣的新聞標題，每年都要出現個好幾回。正所謂壞掉的時鐘，一天起碼也會 2 次準，所以在每個時期，都會有人跳出來喊市場要崩盤了、要轉空頭了、熊市要來臨……而且也總是會猜中那麼 1、2 次。

基本上，不管是分析師、專家、媒體上的投資大師……總是用極盡恐慌的字眼，讓自己的言論登上熱門點閱榜，但你只要將這些新聞報導記錄下來，就會發現他們的預言很少實現過。

要知道，這個市場上有非常多打不出實戰的「專家」在教你理財投資；不管他們眼光準不準，也許他們的證券戶都還沒開過，或是拿來買股票的真金白銀个到新台幣 100 萬元，只要懂得一本正經說故事吸引你的目光，就能靠你付的會員費賺得

盆滿缽盈。

其實沒有人能預測短期市場的走向，但是只要回顧歷史，以及用簡單的邏輯判斷，我們就可以推測出市場的方向是「長期走多頭」。

因為世界不斷在進步，全世界也沒有哪個國家的領導者，會以自家股市崩盤為政績，只要是資本主義的國家，幾乎都是以股市創新高為經濟活絡之表徵。當然，長期走多頭的過程不會天天漲，還是有各種大小回檔會發生，但只要前面的方向清楚了，路上再怎麼顛簸，強大的信念都會帶我們走下去。

股災發生時政府會印鈔救經濟，股市終將回升

股票市場的市值奠基於經濟發展、企業獲利，但別忘了，股市是用鈔票來交易的，氣氛愈樂觀，滿溢的鈔票就會推高股票的價格。而當災難發生，政府就會負責印鈔票救經濟，用更多的鈔票讓股市起死回生。

史上第 1 張鈔票被印出來後，資本主義的多頭之路，就再也不會停下腳步。近代印鈔印得最凶的始祖就是全球經濟的老

大哥美國，2008 年金融海嘯出事之後，自己帶頭無限印鈔救經濟，後果是全世界共同承擔。

美國每年都會發布 2 次外匯報告，被美國認為政府干預匯率達到一定標準的國家，還會被列入「匯率操控」名單並進行貿易談判。其實，大家都知道美國才是全世界最大的匯率操控國，資本主義就是這樣，鈔票多，就是一副老大嘴臉，根本沒有任何仁義道德可言。

股市泡泡被鈔票吹得愈來愈大，經歷災難、疫情等恐慌之後，泡泡只會更大。這一任總統吹泡泡，下一任總統吹更大。認清了這一點，就能知道以美國股市為首的全球股市，終究會被大量的鈔票推向長期多頭的方向。

2020 年股災過後的股市反彈更是明顯，有一點投資經驗的人都不難發現，明明公司的營收和獲利跟幾年前差不多，股價卻變貴很多！這就是大俠一直在講的「熱錢效應」或是「資金行情」。

「資金行情＝資金＋心理」，如今的巨大資金行情一而再，再而三地打破過去所知的觀念。以前，大家都說要等 10 倍本

益比再買進，現在除非是基本面很差的股票，否則好股票要回到 10 倍本益比實在不容易。

高點？低點？永遠是市場說了算。而這市場是誰？誰能印鈔，誰就是市場。而每當股市泡泡膨脹到一個極限，往往就會出現大大小小的回檔，來讓市場降溫。

小回檔靠空軍加持，讓多軍進場接手更多股價打折後的股票，指數自然就會止跌；而嚴重影響到經濟面的大型股災，就得靠政府印鈔才能穩住行情，當鈔票印出來後，再連續播送崩盤新聞，讓市場猶豫者廉價拋售持股出場，此時貪婪者不僅能取得一批低利的資金，還能撿走一批便宜的股票。

這個世界的資本主義就是這樣一直玩。說實在的，不用搞懂太複雜的經濟學，只需要搞懂恐慌是怎麼一回事，然後克服恐懼在低點入場，隨意買大盤指數 ETF，就能輕鬆取得長期的市場報酬。

懂人性、懂黑暗、理解恐慌以及認清資本主義就是如此貪婪，抵抗外界雜音，摒除不必要的資訊情報，明白這些道理永遠比你去鑽研技術分析還來得有效。要知道，股票的技術、籌

碼以及線型一直在變，而唯一不變的就是人性。

好資產只會愈來愈貴，不應等空頭再進場

市場上鈔票愈來愈多會有什麼下場？就是好資產愈來愈貴，包括優質的好公司股票、地段好的房地產等。有很多人總想著要等股災、經濟蕭條、房價崩盤再進場，結果一等就是被軋個空手數十年。

就以房地產來說，台灣房市從 2008 年金融海嘯過後起漲，漲到 2011 年時政府開始打房，大家都在喊房價要泡沫化了；結果房價愈喊愈高，愈打房漲愈多，直到 2015 年才有趨緩現象。

我們千萬不要誤會「打房」這二字，打房絕對不是為了要讓房價跌，而是要讓資金流通，促進整個社會的經濟脈動及金融產值，活絡整體經濟環境，人均可支配金額提高，這時候房價再漲才是真正的好。

所以「打房」的真正用意不是在於房價下跌，而是要讓房價健康的漲。所以說穿了，打房是為了打買氣，而不是打價格。

要搞清楚資本遊戲規則，鈔票只會愈印愈多，往後只會有無止境的通膨；不管是股市或房地產，未來也都是無止境的多頭。

資產，永遠愈來愈貴；
現金，只會加速貶值。

如果印鈔印得太凶，讓通膨危機變嚴重的話，政府還是會採取如升息等適當措施，以壓制通膨危機。但是已經印出的鈔票不可能全部收回，長期來看，全球各國可說是再也回不到過往的高利率水準了。未來全世界恐怕會長久處在相對低利率水平的環境。

股票在低利環境時，本益比將愈來愈高；而愈早將鈔票換成資產賺到錢的富人們，會不斷重複相同的模式，將賺來的錢再去換成更多資產。而對於現金內涵價值的認知差異，也將造成貧富兩端的財富差異持續擴大。

我們小散戶想要對抗通膨，就要懂得學習富人的思維，拿鈔票去換資產。雖然資金能力有限，沒辦法房子一間一間的買，但是好在，我們還可以用每個月的本業收入去投資門檻較低的股票。

　　好地段的房子，會一直被熱錢堆出更高的房價；同樣地，好公司的股價，也會被熱錢堆出愈來愈高的股價。只要長期投資價值向上的優質好公司，股票的市值自然能日益漸增；只要趨勢及觀念心態正確，就能夠用股票市場來戰勝通膨。

　　也因此，長期參與股市的投資人，千萬不要輕易賣出優質的股票資產，好好守住、領股息就可以。就算遇到股災也不必急於出場，別忘了國家隊會護盤、政府會印鈔，印鈔導致的經濟脆弱你也別擔心，這世界自有辦法來去解決。

　　我們只要資金控制良好，度過每一次的大幅度震盪，就能夠在股災後，享受到因著熱錢效應與資金行情所帶來的「早買早享受」。

　　說實在的，在 2020 年 3 月的恐慌，那些只看財報，只看財經新聞，以及只看數據線型投資的人，搞不好到現在依然還是空手。

　　別忘記，眾人都慌，就是靠近指數谷底之時；當眾人都看好，才是危機四伏之時。市場一直都仕循環著同一件事情，投資人還是多專注本業、資金控管，因為市場危機永遠都在。

　　而我們長期投資人的心態，就是不需要任何花招、不浪費時間算什麼線型、不糾結於要買在歷史最低價、賣在歷史最高價……要知道，持續買進好股票，股息投入產生複利，就是長期投資最強的複利方程式。

3-3 | 確認公司價值及轉機能力 可忽略短期財報不佳的利空

2020 年下半年台股大盤大漲 26%，短短半年就漲了 3,100 點；這段期間主要是靠大型權值股拉上來；而包含兆豐金（2886）在內的各官股金控成為被提款的重災區，主要原因是官股行庫受到降息影響、利差縮減，導致獲利衰退，國銀踩雷認列虧損、配合政府紓困方案使得呆帳覆蓋率下降，以及逾期放款比率上升……多重利空夾擊，資金爭相出逃。

以兆豐金來說，在 2020 年 8 月除息過後，9、10 月共有 41 個交易日，其中高達 38 個交易日都慘遭外資大幅賣超（詳見圖 1）；股價也一路貼息，最低在 9 月底跌至 27 元，逼近同年 3 月股災時的最低點 26.2 元。

2020 年下半年大盤展開瘋狂的漲勢，大俠的核心持股兆豐金股價不僅沒漲還下跌，價差投資者碰到這種走勢肯定感到很

悲慘,但我們長期投資人卻樂得很,因為長期布局這種官股金控,就是要趁慘到不行的情況下投資。

外資賣超時,官股金控「忠實戶」可撿便宜

要不是外資這樣用力殺,我們還不知道什麼時候能買進這麼便宜的兆豐金?外資開心賣,我們「忠實戶」開心撿;外資獲利了結,讓我們得以在低檔掃貨布局,可以說是雙贏的局面。

如果公司的財報很慘,股價仍居高不下,這時候買進就相對不划算,因為我們增加股數的速度會因為相對昂貴的股價而變慢。所以在股票被持續賣超、股價被錯殺時,正是進入長期投資的好區間。

在 2020 年 9 月除息後,大俠就推估兆豐金 2020 年全年每股盈餘(EPS)大約落在 1.85 元左右,股息約 1.48 元左右。簡單用殖利率 5% 來反推,股價 29.6 元以下相當適合長期投資、穩健布局。

憑著基本面建立庫存,只要等 2、3 年後兆豐金調適市場的策略奏效,股息可望逐步回穩到 1.7 元以上的水準;這種緩

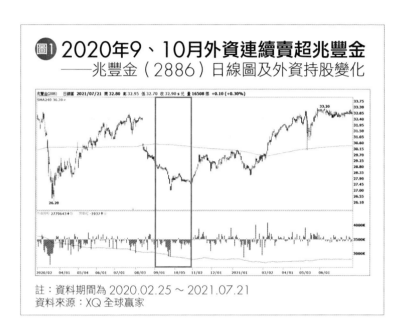

圖1 2020年9、10月外資連續賣超兆豐金
——兆豐金（2886）日線圖及外資持股變化

註：資料期間為 2020.02.25 ～ 2021.07.21
資料來源：XQ 全球贏家

慢的復甦步調，對長期投資者而言，是相當好的入手時機。

　　其實外資的操盤手，不會像本國人這麼了解在地屬性的權值股，也不太容易實地造訪，所以其操盤進出買賣完全是看數據。這種情況下，是很容易被本國人吃豆腐的，為什麼呢？因為它們會忽略官股金控的轉機能力。

　　外資 2020 年對於官股金控的賣超，主因如下：

1. 股東權益報酬率（ROE）、資產報酬率（ROA）下降，有其他前景更明確且成長力更好的選擇。

2. 低利率環境及官股配合政策紓困，銀行利差縮小，金融股預期表現不佳。

3. 台灣市場相當競爭。

只要金控獲利數據不如以往，外資的持股張數通常會一路往下掉。但是身為本國人的我們，在了解官股金控優勢及股性的狀況下，就可以趁此良機承接外資賣超的籌碼。

所以我們常戲稱「外資看不懂中文」，因此這時候我們長期投資人只要持續進場，分批買進；買到經濟回暖，買到外資回頭，股價就會拉上來，這就是所謂的「把外資軋好軋滿」。

股災時觀察 2 件事，比盯著財報更重要

遇到股災，當然最怕公司倒了或是徹底衰敗，股票變得不值錢、化成真正的泡沫，所以大家往往看到財報數字很慘、股價暴跌，就會急忙拋售股票換現金。

如果投資人看不清這家公司的價值，確實需要當心並趕緊換

股；但如果投資前就做了充足的研究，非常了解這家公司的優勢，此時看財報就不是唯一的參考條件。

大俠不看財報嗎？這麼慘還要繼續投資？我看財報呀，每季的財報都會看，也會積極參加股東會。但發生股災的時候去看財報，能看出什麼東西呢？大環境差的時候，短期營收和財報本來就會很難看。以投資兆豐金來說，如果只看短期的營收，就直接判斷值不值得存，很容易追高殺低。

我們長期投資者，除了要長期記錄公司的營收及獲利，更在乎的是公司長久以來所盤據的龍頭地位，也會參照過去公司遇到危機時，是否具有扭轉乾坤之力？有沒有能力有效地調整獲利結構，以戰勝市場所有不利的變因？這些才是最值得我們長期投資人關注的事情。

只看財報很難看出公司轉機時候的表現，所以在恐慌時，觀察這 2 件事反而比盯著財報重要：

1. 大股東有沒有大量拋售持股？

要是擁有幾十萬張、上百萬張的大股東們都「八風吹不動」，那身為小散戶的我們倒也不必擔心了。

2. 公司的市場地位及轉機能力有沒有改變？

擁有一定市場地位的公司，必然有解決市場問題的轉機能力，它們自然會調整自身獲利結構。例如兆豐金就具備了 3 大地位：

①外匯龍頭金控。
②美元清算銀行。
③為元大台灣 50（0050）、元大高股息（0056）成分股，且名列財政部、行政院、勞退基金、中華郵政持股清單。

只要這些 3 大關鍵地位還存在，而且兆豐金依然有能力去改變公司的獲利結構來適應市場，我相信不管進入零利率或是負利率時代，政府、金管會以及各方金融業者，一定能想出辦法在這市場上生存及繼續獲利。

所以，身為小散戶的我就不越俎代庖去擔憂公司了！買進原因沒有消失，長期投資者就不會輕易出清股票，而最好的期望是能持有一輩子，讓資產以複利的形式去征服更多的好公司。

長期投資金融股最大的利多，就是買在它利空的時候。因為企業的獲利動能只要還在，股價低落只是一時的。優質公司本

身的經營團隊必會想辦法扭轉劣勢，想出解決辦法來度過難關；等公司體質調整好，很快又會恢復獲利動能。

在獲利結構調整完成之前，可能會有數月營收不如以往，股票也因財報衰退而被拋售賣壓。此時就是我們長期投資者，能再次輕鬆從市場中撿走別人穿不牢泳褲的好時機。

如果只看短期營收，就認定金融股不能存，拋售股票或是不敢進場撈底，在事後市場回春、營收好起來時才進場追高也太累了。永遠別忘記，長期投資就是要趁恐慌時進場才輕鬆。

除了大型股災或恐慌的時候股價會大跌，其實官股金控在 1 年之間，往往會有幾天瞬間拉漲。所以，如果沒有在下跌時分批買進並持有，在連續拉漲時，要嘛就是來不及進場，到時空手瞪著別人輕鬆等待除息；要嘛就是心癢癢急於進場，買在相對高點，一旦遇上市場修正，看著帳上的未實現損失，最終還很有可能心神不寧而恐慌出清。

以兆豐金來說，經常在除息之後會先貼息一段時間，尤其是除息時當年累積 EPS 不如預期，外資就很容易在 8 月參加兆豐金除息後，一路賣超到隔年 1 月初，等到 4 月底董事會公

布股息才會開始回填，一直到除息之前股價都會有撐。像是
2020 年 3 月，就算遭逢疫情、降息、紓困，導致兆豐金獲
利不佳，但除息前股價還是被法人拉高到 32 元。

　　不過，除息之前的股價拉抬，很有可能已經超過基本面，所
以大俠會建議投資人必須放慢腳步，等除息後再說。因為既然
獲利不如往年，除息後很可能迎來長且深的貼息行情，趁這個
時候再布局也不遲。

景氣衰退或盤整期，最考驗存股族的耐性

　　這幾年愈來愈多人參與存股也討論存股，在多頭市場中往上
存不是難事，因為大家都喜歡買進之後帳上獲利一天比一天更
高的感覺，也比較容易抱得住。存股真正難的是撐過景氣衰退
時，或是 2 到 3 年的盤整期，此時要能夠持續確認公司價值
並且咬牙投資，而不是在恐慌蔓延個 1、2 天，就將持股統統
砍光出清。

　　身為長期投資者，好公司遇到麻煩事，才是長期投資好的買
點。只要公司地位仍穩固，貼息又如何？別人笑我們接刀又如
何？就放膽地分批進場、分批接刀，用 2 到 3 年時間接出一

個碗型，打出長期投資人的獲利微笑曲線。

研究好股票股性及獲利週期，就敢在下殺的過程中，陸續買到賣方賣不下去的底部。

要知道，長期投資在底部布局要輸很難，因為恐慌下殺時，是 3 大法人以及散戶一起賣超，所以此時一定可以買到非常便宜的價格。好公司要是不在眾人都嫌棄時買，難道要等漲回才買進嗎？存股投資有時候也要帶點反骨性格，反骨再加上耐心，往往更能在長期投資中賺到錢。

買兆豐金可以一夜致富嗎？ NO ！存這檔金融股不太可能讓你動動手指頭就一夜致富，這檔是一邊務實工作、專注累積本金、長期領息再投入，才能獲得完整報酬的公司。採取「漲看戲、跌買進」，以及持續投資的紀律，持之以恆 20 年～30 年，我們就會發現因為時間複利的關係，後期滾出的報酬將會相當可觀。

大俠一直都不是以縱橫股海追求漲停板為目標，我們這種長期務實的投資者，強項不是追明牌，老實存股才是我們能牢牢掌握的事情。對於只想要領股息、產生複利的投資人來說，這

檔非常好入門也非常好入手。

不過如果是借錢存股的投資人就要謹慎些了。一般人用自己的本金來存股時，遇到崩盤都難以堅守紀律了，何況是借錢投資卻遇上股災，或是景氣衰退？借貸參與股市，自己要算得長遠些，因為在市場上不會一天到晚都能賺錢，要撐得過景氣循環才是關鍵。

長期投資真的不值得我們一直放心思在大盤的漲跌。關掉看盤軟體，好好運動、認真生活、專注工作以及享受美食，才是投資人想要的 Cover 人生。

3-4 | 官股金控為國家經濟命脈 踩雷跌深必反彈

在 2020 年的市場上，應該沒有人不知道金融業很慘了吧？當所有人都在看衰，此時才更值得我們頭戴鋼盔繼續往前衝，事後證明這樣做的確沒錯。

要知道，2020 年～ 2021 年因疫情影響，各行各業的資金流都受到衝擊，呆帳或是官股金控配合政府做紓困，市場降息又走低利率，皆不利於金融股。但是對於長期投資金融股的人來說，這幾年將是長期布局低基期金融股非常好的時機。

因股息須上繳國庫，很難不發股息

金融業乃是各國經濟活動運作的根基，台灣的官股金控甚至是財稅結構的一環，所以要崩到下市或是發不出股息，幾乎是不太可能發生的事情；也可以說，下市機率跟你手上新台幣泡

沫化差不多。

投資身為國家經濟命脈的官股金控，如果真要等到營收好轉才想進場，那恐怕只剩昂貴價可買，因為大型基金的操盤手，都會趁低檔時進場來做長期布局。

官股金控輪不到我們這種小散戶來擔心發不發股利的問題，它背後幾千億元大股東的動向才值得我們來參考，要是它們都不動，我們也先別忙進忙出；要是想等新聞播報利多才進場，恐怕就會錯過最甜蜜的進場機會。

公股行庫模範生兆豐金（2886）的特色就是「踩雷跌深必反彈」，出事新聞要視為「call 訊」（買進訊號），為什麼呢？

記不記得，在 2020 年 2 月底的新聞報導，國發基金和華新麗華公司投資成立的寶德電化材料（原名寶德能源）向法院聲請破產；銀行團對這家公司的聯貸超過新台幣 100 億元，其中又以聯貸案主辦銀行兆豐金曝險最多。之後兆豐金所公布的 3 月自結損益，交出了單月虧損的難看成績。

結果，同年 10 月又出現這樣的新聞：「打造全球首艘台籍

離岸風電運維船　兆豐銀主辦聯貸力挺」。我們時不時都會看到官股銀行又要承接政府的政策聯貸，也時不時會看到聯貸案踩到雷。也許你會覺得有完沒完，但長期投資人必須用更宏觀的眼光去看待這種事件，從中發掘背後潛在的獲利機會。

◎**官股金控劣勢**：配合政府執行其放貸。
◎**官股金控優勢**：政府支持其市場布局。

官股金控的特色就是「聽話力挺」，常常不得不配合政策所需的放貸，這是宿命，所以會有很大的機會造成潛在性的呆帳。吃下政府主導的放貸，如果遇上踩雷影響其獲利，勢必股價會受到短期影響。

但是，因為乖乖聽話配合而踩雷，事後也必因乖乖聽話，政府會第一批給糖吃，或者在股價跌深時由政府出手救援。尤其，兆豐金是眾多基金長期持有的好標的，所以通常賣超殺到鐵盤就會開始盤整了；等要賣的人都賣得差不多了，股價又會開始往上，這就是官股金控「踩雷跌深必反彈」的特性。

跌深必反彈，這點對於投資人來說，可說是非常明確的往下加碼訊號。2020 年 3 月，當台股因疫情爆發股災，兆豐金

股價下跌的幅度是所有金控當中最小的，所以「安全穩定」也是這檔官股金控的一大優勢。

說穿了，有誰能一一講出這幾年來官股金控踩過的大大小小雷呢？是不是往往只記得幾件最大的踩雷案？然後又大嘆一聲喊道，「早知道趁那時候多買幾張！」

永遠要明白，恐慌新聞只是寫給散戶看的，千萬不要懷疑優質金控處理危機的能力。好公司碰到倒楣事情，終究會還它公道，這時候還不趕快拿著閒錢進場布局？

長期投資每次的懊悔，總在雨過天晴之後。

多頭時放緩腳步，恐慌時放心加碼

想加入兆豐金長期投資陣線的朋友們，務必記下這句箴言：

市場多頭股價熱絡時，可放緩投資腳步；
市場空頭股價極慘時，可以放心加碼。

不只是兆豐金，其他官股金控也一樣，上漲走多頭時就是少

買或不買；踩雷時股價跌深，就使用資金控管方式，一路順勢
承接、順勢往下買。此時市場的風聲跟賣超，長期投資人想必
可以買在非常甜美的價位。

跌深必反彈如此明顯的加碼訊號，還需要用什麼技術線型？
如此簡單的進場 call 訊，真不知道為何有人要瞧不起官股金
控？投資不外乎就是回到鈔票上，談錢不談感情，外資賣超買
超都不會先過問，我們也不必去埋怨，只要利用官股跌深反彈
的特性進場加碼，賺錢輕輕鬆鬆。

你如果不看好老是踩雷的兆豐金，覺得呆帳會影響獲利跟股
價，那麼也可以在呆帳爆出的那一刻就去做空，這也是一種賺
錢的方式。習慣做空就去做空，習慣做多就去做多。

再次強調，兆豐金有上繳國庫的責任，也是支撐財稅結構的
一份子，所以財政部、行政院及金管會勢必要確實做到監督的
角色。而兆豐金的核心競爭能力是身為官股外匯龍頭及清算銀
行，政府會輔導並大力支持其在全球金融市場上的布局。

只要回顧過去大大小小的風波以及股價後續發展，你就會發
現，像兆豐金這樣的官股金控，最大的利空就是最大的利多。

如果剛開始投資兆豐金，目前帳上呈現虧損，可能要多加檢視自己在資金控管的方面，是否有需要調整及加強的部分。

其實只要有好好利用官股金控「跌深必反彈」的特性，並且維持紀律，用定期定額或不定期不定額的資金控管策略，並將股息再投入，這樣投資兆豐金 3 年以上，必有佳績。也就是：

第 1 年：參加除息，拿到股息→買。
第 2 年：參加除息，拿到股息→買。
第 3 年：參加除息，拿到股息→買。

經過 3 次之後，存股之路就能高枕無憂。

3-5 | 股票跌深時買好買滿 上漲時輕鬆領股息

績優好公司跌深就是最大的利多，因為必有跌深反彈的行情；所以長期投資這種股票要像個慈善家，時時懷抱「雪中送炭」的精神。

不要在眾人漲聲中相信行情，行情只有在眾人看衰之際、遍地謾罵聲中才會誕生，因此我們要在公司股價落難崩盤時分批進場加碼；當股價風光得意時，我們就謹慎地布局。

記得 2020 年 3 月股市迅速崩跌的時候，一堆人喊「現金為王」，後來股市大漲，也不見得有他們的份，直到最後漲到受不了時才進場被收割。

所以為什麼這麼多人都害怕參與股巿？因為他們總是下跌時不敢買，漲到忍不住才急忙進場追高，高點買進遇到下跌又急

忙拋售，難怪賺不了錢。

　　歡樂中相信行情容易，但是投資起來比較辛苦；
　　恐慌中相信行情困難，不過投資起來比較輕鬆。

　　以上這兩句話，說明了手中現金在投資時的實質購買力。簡單舉例，假設同樣要投入 12 萬元資金買 1 檔股票，歡樂時股價漲到 30 元，只能買到 4 張；恐慌時股價跌至 25 元，卻可以買到 4.8 張，而且還能獲得以下好處：

　　1. 可領到更多股息：同樣每股都配 1.5 元，歡樂時買到的 4 張股票只能領 6,000 元股息，成本殖利率 5%；恐慌中買到的 4.8 張卻能領到 7,200 元股息，成本殖利率有 6%。

　　2. 可更快完成個人式填息：恐慌中撿走股價 25 元的股票，假設今年發放的配息預估是 1.5 元，那麼只要除息之前現價有漲到 26.5 元以上，就可以說是提早完成個人式的填息囉！或者是除息前股價拉到 32 元，除息後就開始貼息，只要股價不跌破 26.5 元，你也還是照樣完成個人式的填息。

　　狂漲時因著眾人貪婪瘋狂追逐，導致風險控制意識逐漸降

低，稍微一個震盪，他們就容易吐出手中持股；所以我們長期投資者只要利用這種人性，在大盤下殺的時候勇敢接刀，就能夠買走他人因為失去理智而不顧一切拋出的籌碼。

只要長期投資人敢在每一次的大回檔進場撿便宜，在下殺中承接夠多相對低檔的價位，一旦等到大盤回漲，帳上的未實現損益也能比別人更快翻正，並且取得更高的報酬。

3 原因導致股票追漲不易

為何大俠喜歡往下承接股票，而不喜歡追漲呢？簡單來說有 3 個原因：

1. 經濟好轉時股價已領先反映，股價相對昂貴。
2. 短線股價易受主力左右，貿然追漲容易買貴。
3. 政府有能力影響股市，散戶難預測反轉時間。

1. 經濟好轉時股價已領先反映，股價相對昂貴

要知道，大盤指數永遠領先經濟指數，如果硬要等到經濟指數好轉才想進場，哪裡還有便宜的股價讓你買呢？主力們早就趁經濟好轉前建倉完畢了，此時反而需要更謹慎，因為指數早

已被控盤者往上拉，甚至還有可能創新高。所以千萬別看經濟好了、股市不斷突破前高才想要進場重壓，此時買進不會是輕鬆省力的事情。

回頭去看，歷史總是在告訴我們，同套劇本永遠一再上演：

行情下殺，猶豫者出場，場內剩下忠實戶；
行情上漲，猶豫者出場，場內剩下忠實戶。

猶豫者為什麼如此容易出場？因為他們總在行情好時才追行情，且賺一點點就跑；行情壞時也爭先恐後逃走，所以他們買進的成本一直都比忠實戶還高。而成本只要一高，市場震盪時心態也不容易堅定，那麼手頭上的籌碼自然很容易被市場一個震盪給收了回去。

即使是忠實戶，也可能一開始進場就買在相對高檔，但是也不用太擔心，因為只要經歷過完整的一個景氣循環，不管一開始是買貴還是買便宜，當你所投資的公司仍然盤據龍頭地位，而你也持續乖乖地參與每年除息、領股息，並將股息再投入市場；經過數年之後，你的持股成本就會愈來愈低，心情也會更加堅定。

2. 短線股價易受主力左右，貿然追漲容易買貴

大家都知道，當一種商品供過於求，價格就會下跌；供不應求時，股價就會上漲。股票也一樣，握有大量籌碼的主力，如果想讓股價下跌，只要在市場上持續拋售股票，讓整體賣出力道大於買進力道，就有辦法造成短期股價的下跌。反過來說，主力也有造市能力，砸錢就有能力讓股價上漲。

要知道，主力沒那麼好心，它們不會讓散戶發現那種財報已好轉但股價卻很便宜的公司，當然也不會大聲吆喝叫你趕快上車再讓它們抬轎。它們比較有可能一邊放出壞消息，一邊默默在低檔掃貨，等到掃得差不多了，它們想拉的時候就會拉。

更別說是那些資本額都超過 1,000 億元的官股金控股票了，當散戶心動想上車的時候都已經漲多了，上車之後我們也絕對沒有力量讓這些股票繼續漲。所以何必要追漲呢？只是買得比別人貴罷了！

通常主力會在公司獲利表現最好的時候倒部分貨出去，並於獲利相對差的時候再慢慢將持股買回。不是因為它們能未卜先知，而是因為它們具有絕對的霸權；只要它們想要用力賣，一定有能力讓短期股價往下走。

當然在下跌的時候，散戶們也絕對沒有能力去阻止下殺；此時我們唯一能做的事情，就是去承接其他「猶豫者」失去理性所低價拋售的籌碼。

再大的利空，主力想做多就會往多頭走；
再大的利多，主力想做空就會往空頭走。

上漲時，我們安靜地看主力表演；
下跌時，我們慢慢買出微笑曲線。

當恐慌來襲時，做好資金控管、分批承接，資金的續戰力只要撐到市場回頭，投資人就能享有整段因恐慌而殺過頭所帶來的報酬。

3. 政府有能力影響股市，散戶難預測反轉時間

金融股幾乎都是股份交叉持有，被母公司認列為交易目的持有的金融資產，其股價變化就會影響母公司在財報當中所呈現的獲利。像是 2020 年兆豐金（2886）就配合公股政策護盤彰銀（2801）股票，並將其列為「交易目的」金融資產，因此隨彰銀股價波動，也連帶影響兆豐金財報上的每股盈餘（EPS）表現。

同年因為新冠肺炎疫情影響，美國聯準會（Fed）為了救經濟又來個降息，也讓金融股在短期間的利差獲利大受影響，殊不知前幾個月經濟還是一片繁榮、金融股獲利創高的景氣。管你市場再好，還不是用不到 2 週的時間，從多頭狠狠打到空頭還熔斷？

所以在資本主義的世界裡，只有主力具有主導權，千萬別以為自己那區區幾百萬元的資金能讓市場轉向。主力的錢是大到只要它想買，就肯花個幾百億幾千億以上的資金進去買，也就能單純以暴力拉抬的方式，硬是把股市買到轉向！

再以政府來說，護盤以及退場機制可操控的資金高達上千億元，握有如此龐大的金額，以及獨有的權力，因此能成為市場隱形的那隻手，漲跌都由這隻手說了算，想要讓指數漲，指數就不得不漲！想跟印鈔者對著幹？它們不只軋空頭，也軋空手，正所謂對於一直空手不敢參與下殺行情的人來說，多頭也是場股災。

所以，為什麼大俠我一直著重於官股金控長期的市場地位，而不是短期財報？因為單看財報很難讓人買到低點，因為通常都是在最差的時候，股價就開始有反轉的跡象。要想等到獲利

恢復才進場，主力肯定早就買好買滿拉抬到相對高點，放消息準備收割韭菜了。

兆豐金是一家從清代就存活至今的金控，什麼風雨沒見過？財報偶爾欠佳只是件小事，只要其地位仍占據龍頭寶座，自然而然就能夠輕鬆使出逆轉的力量。要不然，人家怎麼有辦法在戰火後，還能繼續生存至今？

市場環境造成財報獲利不佳，就是我們放心進場的好時機，「跌深，就是最大的利多」。

當股市正在走下殺行情時，都會有一批空手者，堅持要等「最低點」的時候再來買。但是大俠會在下跌過程中就啟動「不定期不定額」的買法，讓資金有效地順著回檔走勢，來分批布局在「相對低點」上，慢慢買出一條微笑曲線。

一路向下買，只要等到外資再也賣不下去的時候，它們就會開始大力回頭買！此時的股價就會呈現一個急速向上拉漲的形狀，而且由空轉多的反轉行情往往會在一瞬間就完成。此時還空手的人，通常也不會進場，因為這下更難等到他們所謂的「最低點」。

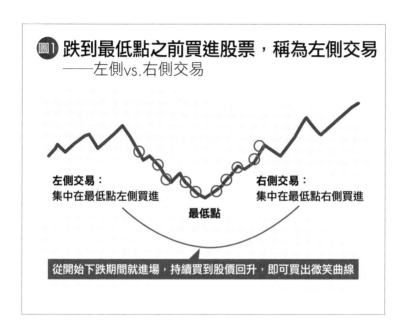

圖1 跌到最低點之前買進股票，稱為左側交易
——左側vs.右側交易

左側交易：
集中在最低點左側買進

右側交易：
集中在最低點右側買進

最低點

從開始下跌期間就進場，持續買到股價回升，即可買出微笑曲線

想集中買進，務必事先規畫採左側或右側交易

在下殺過程中、跌到谷底最低點之前就開始買進，稱為「左側交易」；而等到最低點出現，並確定開始反彈之後再進場，則稱為「右側交易」（詳見圖1）。兩種方式哪一種比較好呢？

左側交易，恐慌故事很多，但是接起來比較輕鬆；

右側交易，報喜新聞很多，但是追起來比較辛苦。

一切都只是心理學。

左側跟右側的交易心法都好，只要能在下跌時就持續買入，左側也買右側也買，就能買出微笑曲線。但是有些人喜歡將資金集中在某個時段買進，那麼就要在一開始先訂好策略；千萬不要心裡想著左側交易，跌深時卻縮手不敢買，等到上漲好一大段才開始追漲，結果連右側交易也沒有完成，最後還是買到相對高點。

執行左側交易有一個很大的重點，那就是你要對這一家公司以及它的產業非常非常有把握。像大俠我就專研這一檔兆豐金，我很清楚它的基本面，知道它的獲利表現，我也能夠預先從財政部預算報告書去推知它的股息、很清楚它會在每年 4 月底公布股息政策；所以我也會知道大概用什麼價位買進時，我的獲利空間有多少。

不只是兆豐金，想要買官股金控賺錢，不在於它高漲時候你能追多少，而是在它落難時你能承受多少？能承受愈多因恐慌遭賣超的股價，未來就能享有多少的獲利。低檔買進，漲回等待除息領股利，這就是標準的資金控管、敢在左側交易的玩法。把心理層面控制好，玩出微笑曲線一點也不難。

建立正確心態，不怕成為外資提款機

投資官股金控一定會碰到跌深反彈，所以遇到外資拋售，大戶減持時，我們小蝦米就慢慢撿，買殺下去的便宜股票就行了，買好買滿後再坐等外資回來抬轎。一旦等到外資回頭，大戶增持，我們小蝦米就慢慢喝咖啡，坐在那邊看著上漲行情，輕鬆領股息。

像是大俠目前約 600 張兆豐金持股當中，平時紀律買入的大約有 200 張，其餘大約 400 張則是趁著 2018 年～2020 年恐慌時大幅加碼的成果。資金控管好，接外資的刀就一點也不難，輕輕鬆鬆簡簡單單。

所以看到那些外資在倒貨使股價下殺的時候，也不要覺得被提款而生氣，畢竟人家投資兆豐金已經放了數十年以上，才能在今天擁有可以盡情提款的本事。只要我們擺久一點，複利久一點，自然而然就不容易成為外資的提款機。如果你想要長期投資股票，但是眼光只看 1 年，那大俠建議你最好不要進場比較安全。

要知道，在這資本市場裡，只要誰慌張失去了紀律，誰就是

對方的盤中飧。別忘記好公司遇上衰事，賣超下殺乃是常有的事情，此時股息的現金實質購買力只會變得更強，不會更弱。

所以為什麼我敢放心參與除權息？因為好公司總是能找到辦法扭轉頹勢，而在公司調整好獲利結構前，股價勢必出現折扣季才有的甜甜價。當甜甜價出現時，自己有多少資金就量力而為，持續紀律買整張或是零股都可以，只要持之以恆長期持有和購買，穩紮穩打就行。

資金不論大小，都適合存股，都可以採取長期投資策略；我們是求穩、求戰勝通膨、求戰勝定存，而不是要天天搶買漲停板。策略上不同，心態上也會不同，穩定賺 5% 就是我們的投資核心價值，搭配恐慌時輕鬆補貨，外資倒貨散戶撿，投資就是這麼輕鬆。

如果遇過幾次大跌都沒有成功度過，內心對市場還是存有恐懼，也懷疑自己繼續定期定額買入不知道是對是錯，那大俠建議你，有恐懼就先暫停吧！先重新檢視自己的財務狀況以及備用資金，然後再多思考、多學習投資領域的相關知識，等到確定自己遇到行情下殺時有辦法冷靜投資，再考慮重新投入。

3-6 | 觀察大股東動向 不被利空新聞牽著走

2020 年新冠肺炎疫情在全球肆虐，低利環境使金融機構獲利縮減，英國央行為了加強銀行的資本安全，要求大型銀行不得發放股利。同年 12 月初，就傳出台灣的金管會在研議，要管理 2021 年金融股的股利發放，新聞上也陸續出現〈公股金融高層直言不配現金股利可能是選項之一〉、〈金管會不排除仿效英國，限縮金融業發放股利政策〉、〈存股族當心 股利可能縮水〉……等報導。

2020 年最不缺的就是金融股恐慌新聞，降息低利、紓困呆帳，年底又再來個可能不發股利的新聞……嚇得許多人急忙將金融股在股價低點大砍特砍，打算先避開下跌。只不過，當這些被動搖的投資人把股票砍得差不多了，金融股也開始回彈。

看到這類會造成恐慌的新聞，我都會不由自主地去思考，

「主力到底在想些什麼？」假設我手上擁有 100 萬張兆豐金（2886），同時也擁有媒體發言權，要是真的不發股利，難道我還不趕快大賣特賣？反而先發新聞讓散戶知道消息？讓他們先閃人？

擁有發言權的巨戶，會是這樣的操作手法？大俠我可是見所未見，聞所未聞！

真正的利空是「巨戶們先賣股，等賣得差不多了，再下個驚天地泣鬼神的標題來逼走散戶，最後才進場順勢撈底。

不管是做空或吃籌碼玩做多都是如此，唯一不變的真理就是「散戶絕對很難得到第一手正確的消息」。

散戶若心無定見，容易被市場收割

我們散戶不能只看新聞下的標題，不要輕易被新聞當中的臆測所誤導。我們該做的，其實是去觀察 10 大股東跟大戶們的做法；尤其是官股金控股，財政部以及勞退基金持有如此高的部位，要是真的不發股利，官股金控上繳國庫的收入銳減，財政部可是要傷腦筋的！而且，這些股票要是真的這麼不值得持

有，大戶們怎麼還不趕快賣出？哪次不是這樣玩散戶的？

官股龍頭金控兆豐金的最大股東是財政部，財政部每年都會編列預算書，明白列出官股銀行要上繳多少股息；如果真的不發股息，光是政府這關就不能過了。

所以從不發股息議題出來的當天，大俠就清楚表達「不可能不發」；因為如果發不出股息來上繳國庫，那麼政府的財政結構，以及握有兆豐金的大股東壽險公司將會受到極大的影響。股息不發放，影響牽連甚廣，大股東一定要想出辦法來解決。

我們試想，不發股息，影響到持股幾十萬張的巨戶比較深，還是我們持股幾十張、幾百張的小散戶？我們要看的是那些持股市值幾十億、幾百億元大股東的動向，而不是新聞的說法！巨戶們都還在乖乖領股息，籌碼穩固如山，我們這些奈米級小散戶需要怕什麼？發不發股息的問題留給大戶去煩惱，還真的輪不到我們來擔心。

為什麼散戶資金會如此輕易被收割？因為內心沒有定見，一聽到市場上各種擾亂人心的風聲、小道消息，就會亂了分寸，甚至幻想市場上有神祕勢力在針對自己，害自己一買就跌，一

賣就漲。

　　大家以後再看到新聞說金融股不配息時，一定要先想想身為 10 大股東的財政部、壽險公司、大型基金的態度會是如何？想通了，就趁著市場恐慌的時機，調配好資金趕緊進場布局。

讀懂人性，比讀懂財報還能賺到錢

　　投資官股金控就是要配合它的特色——「踩雷就買，恐慌就買，股災就買」，以這 3 招來做長期投資，保證比什麼技術線型還好用。

　　股市就是一場心理學，讀懂人性，肯定比讀懂財報還能賺到錢。看得懂財報，看得懂財經新聞，看得懂任何數據，只要看不懂人性，搞不好到現在還是依然空手。

　　市場充斥著盲目的交易者，一點風吹草動就容易被帶風向；而我們忠實戶，永遠都在接收那些猶豫者的籌碼。

　　好公司，一定要自己下去研究個幾年，才能找出你所持有股票的特性。千萬別跟著新聞投資，因為新聞是在股價反映完

後，才會找出原因寫成報導，所以你跟著新聞跑，很容易買到反映完或是賣到起漲前的公司。

穩穩賺 5% 的長期投資，實在不需要我們煩惱太多。我們身為小散戶就只要專注本業，務實投資，將任何煩惱交給優質公司來去處理，股東「睏飽」數錢就好。平時不要有事沒事就一直打開交易軟體看股票，明明是長期投資，卻搞得好像要買進隔天就得起漲，要是沒漲就會開始懷疑自己的策略。

別忘記，長期投資就是讓好公司產生股息，然後以股息產生複利，沒有長期累積的過程，報酬獲利怎麼可能輕易就來到？要搞短期就去玩短，不要明明下定決心來搞長期投資，卻一直在做炒短的事。

政府與壽險公司才是真正的金融存股族

前文有提到，2020 年 12 月有則新聞的標題是〈存股族當心 股利可能縮水〉。我想來討論一下，為什麼新聞要用這種標題來造成市場恐慌呢？

先來看兆豐金的股東結構。從台灣集中保管結算所的資料可

看到，2020 年 12 月 4 日，兆豐金的散戶人數接近 40 萬人，但散戶持有股數的比率是 4 大官股金控中最低的（詳見表 1）。

換句話說，兆豐金有將近 8 成的籌碼，都握在持股超過 1,000 張股東的手裡。也別忘了，官股金控的主要持有者應該是政府、外資、壽險公司、勞動基金（詳見 1-1 表 2），這些大戶才是真正的存股族。

為什麼新聞標題不寫政府要擔心呢？不寫銀行高層要擔心呢？或者是不寫財政部、10 大股東要擔心呢？因為新聞主要目的就是要有吸睛度，標題只要會下，網友就會想看、想轉載，而網路社群的演算法，也會針對存股、金控以及領股息等關鍵字，大量推播給平時有在關注相關新聞的投資人。

當我們理解一篇新聞是以吸睛度、點閱率為首要目標，那麼我們更需要對於新聞內容多加思考了；擁有獨立思維的人，才有機會做出正確的判斷，也才有機會趁市場先生的錯殺，買到股票的低檔價位。

任何恐慌新聞，只要大戶沒動，我們持股市值沒到達億元的小散戶，就要把這些新聞當成小 call 訊（買進訊號）；當市

表1 兆豐金散戶持股比率為官股金控中最低
── 4大官股金控持有1000張股票以下統計

股票名稱（股號）	散戶比率（%）	散戶人數（人）
兆豐金（2886）	20.5	404,289
華南金（2880）	28.8	365,131
合庫金（5880）	29.3	335,424
第一金（2892）	36.1	444,076

註：資料日期 2020.12.04　　資料來源：台灣集中保管結算所

場的謾罵聲紛紛響起，這時候才是大 call 訊，因為沒人崩盤丟出便宜股票，我們散戶哪能輕鬆撿便宜呢？

科技業為了開發新產品新技術，不論成功或失敗，一定要支出研發經費；開餐廳一定會有剩菜的損耗；開銀行也一定會有呆帳損失。任何行業都會有耗材成本，而投資官股金控，只要金管會、財政部以及大股東監督得宜，我們小散戶根本不需要擔心。只要大戶同時是「監督者」、「既得利益者」以及「施惠者」，不妨就放心交由這些大戶來監督。

人性嘛！只要跟自己錢脈有關的，肯定會做出十分專業以及

嚴謹的監督，不會有任何單位會跟錢過不去。

看新聞買股，恐錯過台積電最佳買點

要知道，看新聞買股，擁有再多的家產也不夠你輸，外資調高目標價你去追？外資調低目標價你去拋？外資哪有跟你講武德的？

當新聞報導國銀曝險史上最高，我們肯定是最後一個知道；當新聞報導國銀曝險史上最低，我們肯定也是最後一個知道。

還有，新聞都說新台幣升值不利於出口，對企業獲利會造成嚴重影響。這種常識，連我們這種奈米級小咖都知道了，實際在經營公司的大企業老闆又怎會不知道？近年新台幣持續在升值沒有錯，電子股本應受害，但為什麼 2020 年下半年熱錢進來，電子股照樣大漲，尤其台股最大權值股台積電（2330）獲利創新高、股價創新高，也帶動台股大盤創新高。

影響股價變化的因素太多了，所以我們也乾脆別猜了，都交給新聞寫就好，我們投資人可千萬不要妄想能夠預測市場，就放心把行情交給真正有能力解決市場問題的公司領導決策層去

煩惱吧！公司經營者會自行調整本身的獲利結構，做適當的避險，照樣能在惡劣環境讓公司的營收再創高峰。我們就是要去投資具有這種能力的公司，而不是把自己當作能夠預測整個市場的人。

接下來，簡單談談大俠也很喜歡的台積電，以 2018 年～2020 年傳出的利空新聞為例：

◎ 2018 年 10 月，台積電產線中毒，被爆出資安危機。
◎ 2019 年 5 月，中美貿易戰砲火猛烈，華為禁令補刀，台積電遭外資連續賣超。
◎ 2020 年 3 月，台積電驚爆員工染疫，疫情蔓延恐造成砍單，外資 21 天大賣 50 萬張台積電。
◎ 2020 年 8 月，美國擴大華為禁令，外資圈降評台積電。
◎ 2020 年 12 月，傳出台積電 5 奈米遭蘋果大砍單。

這些看似嚇人的利空，都曾經被媒體大做文章，結果現在回頭看，恐怕都是相當好的買點。要知道，外資怎麼會這樣好心提醒散戶？在媒體放消息說台積電被砍單、調降目標價……各種手法不勝枚舉。別忘記「外資從不講武德」，股市沒什麼道德存在，唯有錢才是真理。

投資要回歸到自己的策略，並且想清楚自己比較適合什麼屬性的投資法？順勢買在上漲階段？還是逆勢參與微笑曲線？

當初台積電在 2020 年 7 月下旬，股價在 2 個交易日就從 386 元衝到 466 元的時候，不知道有多少網友唱衰在 466 元買進的散戶：「200 元不買，400 元才想要買，準備套 10 年高點吧！」沒想到網友口中的 10 年居然如此短暫，才過半年就漲到了將近 550 元。

當時也有分析師説，依照技術線型來看，台積電是高點了！要回檔了！結果股價仍然繼續上漲。後來台積電在 2021 年 1 月突破 600 元，最高漲到 679 元後，就逐漸進入盤整；從 3 月到 7 月，大多是在 550 元～ 610 元區間游走。

要知道，把全台看衰台積電的財經節目專家加起來，可能還遠不如台積電一名高階主管還要來得有遠見。這家全球市值第 10 大企業（詳見註 1）的遠見，根本不是電視上的任何財經名嘴能理解的。

幾乎所有的技術分析，都是用歷史的數據模擬未來，未來本來就是包含非常多種可能，也就是不確定性。即使是上一秒，

也都是歷史數據；未來的短期推估就算再準，也只是猜測。講白一點，好企業的股價，可不會按照別人畫的技術線型走。

也有人這樣說，分析不如信仰，10 年前緊抱著台積電的人，跟去年緊抱台積電的人，獲利不知差了幾倍。因此投資好公司除了靠數據分析以外，還要加上一些信仰的因素。然而信仰也絕不是猜股價、看籌碼，看線型。那要看什麼呢？看營運者的布局才準。

台積電和官股金控是完全不同類型的股票。身為全球晶圓代工龍頭台積電，經歷多年的研發、技術的精進以及前瞻性的市場布局，才將競爭對手遠遠甩在後頭。而且，台積電還擁有公司文化治理的強項，並在 2021 年《富比士》雜誌公布的 2000 強全球企業當中，於全球科技企業位居前 10 名。

投資台積電要著眼在它的競爭優勢以及未來發展性，當你用

註 1：根據 2021 年 7 月 22 日數據，全球排行前 10 大市值的公司依序為：蘋果（Apple）、微軟（Microsoft）、Saudi Aramco（沙烏地阿拉伯國家石油公司）、亞馬遜（Amazon）、字母（Alphabet，為 Google 母公司）、臉書（Facebook）、騰訊、波克夏海瑟威（Berkshire Hathaway）、特斯拉（Tesla）、台積電。

股東的思維去投資台積電時，是分析師的意見重要？還是經營者魏哲家、劉德音的全球布局以及未來遠景重要呢？

　　大俠投資兆豐金時，認為觀察 10 大股東動向比看財報重要。同理也可用在投資台積電，基本上想長期投資台積電，不需要看雜七雜八的評論，只要觀察 3 件事就可以：

「研發經費有沒有增加？」
「資本支出有沒有增加？」
「有沒有擴廠增加產能？」

　　台積電有個特性，就是只要製程技術領先於對手，就會大幅度增加資本支出，經營者都已經說出「增加資本支出」、「上調資本支出」這些關鍵字，還明明白白指出，「台積電成長幅度，將超過晶圓代工產業的平均年增幅，以美元計算營收約可達年增 15% 左右。」直接把公司的年成長率都告訴你了。

　　身為全球晶片代工產業最重要的供應商，各大客戶都在搶著跟台積電下單，強勁的市場需求，讓台積電持續積極擴充晶圓先進製程的產能。台積電在 2021 年 6 月的技術論壇就預估，2021 年 7 奈米系列產能將是 2018 年產能的 4 倍；2021

年的 4 奈米、5 奈米家族產能將是 2020 年的 2 倍以上，2023 年則為 2020 年產能的 4 倍以上。

所以長期投資這家公司，與其去看技術線型、本益比以及籌碼面的分析，都不如相信這家世界級企業的遠見及布局。台積電的股東，只要專注看公司領導人的方向，永遠比去聽散戶分析市場雜音還重要。

不過話說回來，台積電好歸好，投資它也要搭配良好的資金控管，也就是將資金切成好幾份，分批進場、分批價位、分批時間；資金控管得好，並且撐過每一次的大幅度回檔，在資本主義的通膨趨勢下，長期都能參與到多頭的好處，享受到時間複利加乘的報酬。

第4章

抱持正確心態

4-1 別怕好公司股價下跌 把握底部建倉機會

要知道，我們專注領股息、做長期投資並不是無腦存股，而是有腦地將專注力放在公司的價值上，而非一時的股價波動，所以長期投資的關鍵就在於耐心。

長期投資優質資產，用資產的孳息來產生複利，只要達成股息一半能 Cover 生活，股息另一半繼續 Cover 我們投資個股或是買指數，到此境界還需要煩惱看股價嗎？把時間拿去看看夜景、過過生活還比較實在。

基本上呢，投資就像是在打造現金流印鈔機，你買進 1 台每年固定漲 10%，然後印 5% 鈔票的印鈔機，時間一到就固定給錢，生活自然輕輕鬆鬆。

假設今年股票市值上漲 50 萬元，然後股息給你 25 萬元；

明年整體市值漲 70 萬元，然後股息給 35 萬元，只要維持這樣的比例成長下去，不就可以很輕鬆地當股東並且領息嗎？

買優質公司就是讓帳上的未實現損益放在裡頭，繼續利滾利下去，自己每年能領到的鈔票也會因為公司成長而愈來愈多，這樣的投資方式還需要煩惱進進出出嗎？

大俠認為，你賺的 1 塊錢不是你的 1 塊錢，你存的 1 塊錢也不是你的 1 塊錢。直到你將這 1 塊錢投資市場，靠著市場報酬讓 1 塊錢變成 2 塊錢的時候，這時候你才真正擁有了自己能花用的錢，其他都要視為是打造印鈔機的本金。

也就是說，在資產的孳息還不夠時，務必好好投資自己，增加自身的就業技能；好好打拼來增加本業薪水，耐心地持續累積本金，同時靠著長時間的複利，直到資產的孳息一半能 Cover 生活，另一半能 Cover 自己再繼續投資於市場的境界。

長期投資初期，以盡快累積部位為首要任務

大部分投資人都喜歡一買進股票就上漲，但其實這並不利於長期投資。我們在長期投資要有一個觀念，那就是你買進第 1

張股票的時候如果開始起漲，那就代表你買得太慢了。

大俠一直強調，要長期投資或是要做價差，應該在進場前就先決定好，因為這兩種操作模式與獲利的時間週期根本就是兩回事。

做價差者，持有時間相對短，最好是一買進股票就上漲，並且擇機將獲利入袋為安；所以希望股價一直漲的投資人，只是適合「價差者計畫」而已。

長期投資則是持有時間相對長，所以最好能一買就跌、愈買愈便宜。尤其是剛開始展開長期投資布局的人，最好的狀況是一開始就在底部買進；經歷的底部時間夠長，更有利於我們的本金能在低檔中，獲得更好的實質購買力，才能以同樣的資金買進更多的股數；最好是等到累積足夠的股數之後再起漲，這樣布局才輕鬆。

可想而知，在投入本金建立股數期間，要是股價一直漲、漲得快，就不利於我們的長期投資計畫了，因為股數增加的速度就變慢了，只有報酬率好看，整體市值金額還是很小。報酬率只是看好玩的，盡可能增加市值才是最重要的。

　　所以千萬不要怕好公司的股價下跌，尤其是剛開始進行長期投資的人，都要有準備賠錢的認知，要知道短期帳目上的虧損根本不算什麼，因為這正代表我們可以用便宜的成本價打造印鈔機。大俠甚至認為，長期投資新手在一開始就遇到下跌行情，是一件幸運的事，因為「愈跌愈要往下買」絕對是長期投資者必要的訓練。

　　趁大家恐慌害怕時進場時買便宜才是機會，等到大家都不怕時，恐怕便宜也就輪不到投資人自己了。

低檔買進優質公司，讓資產擁有抗通膨優勢

　　當市場出現「我 OK，你先買」的聲音，這正是進場買進優質公司的訊號。因為優質公司的股票除了能抵抗通膨，同時也能戰勝通膨，主要有 2 個原因：

　　1. 績優股的長期價值會不斷往上走，投資人在心理上也會有相對強的信心，自然而然資金就會進駐，也順帶將股價緩慢推升。

　　2. 貨幣是很容易貶值的，當熱錢湧入市場，好公司的股價

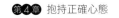

更容易因為熱錢行情而水漲船高（所以千萬別輕易砍掉好資產換回現金）。

投資一家好公司，只要我們的資金控管有按照規畫執行，那麼剩下來的只會是堅持和等待行情。穩穩上升的報酬，再加上數年長期持有，就能用長期投資人最強的獲利武器「複利」，讓資產自然而然地長大。

所以長期投資好公司股票，「股數跟時間」才是身為股東最重要的事情；因為股數跟能得到的股息有關，而股息再投入，長時間的滾動下，就會得到更強的複利效應。

在這裡分享我在 2019 年 1 月 8 日那天，其中一個帳戶的對帳單截圖（詳見圖 1）。當天這個帳戶的庫存中有 148 張兆豐金（2886），平均成本在 26.38 元，市價跌到 25.5 元，所以帳面上虧損達 14 多萬元。

而其中有 100 多張兆豐金，是我在 2018 年 10 月恐慌時買進的。當時市場最主要的恐慌原因，是因為美中貿易戰的不確定性，導致了大盤連續重挫；而身為權值股一份子的兆豐金當然也無法置身事外，一度滑落到 25 元～ 26 元左右。

熬過恐慌，帳上虧損轉為獲利約109萬元
——大俠武林兆豐金（2886）庫存損益變化

股名	股數	總損益	交易別
兆豐金	148,000	-148,994	現股
成交價	26.38	昨日股數	148,000
市價	25.50	現值	3,759,348
付出成本	3,908,342	預估損益	-148,994
報酬率	-3.81%	幣別	台幣

2019年1月8日，帳戶庫存張數為148張，帳上虧損14萬8,994元

股名	股數	總損益	交易別
兆豐金	175,100	1,090,604	現股
成交均價	26.45	昨日股數	174,100
市價	32.8	現值	5,723,782
付出成本	4,633,178	預估損益	1,090,604
報酬率	23.54%	幣別	台幣

2021年7月20日，帳戶庫存張數增加到175張，帳上獲利109萬604元

註：此圖僅為其中一個兆豐金庫存，非全部持有張數

　　當時的市場氛圍十分凝重，股價看起來彷彿就要一路往 22 元崩去。還記得，那時候大部分投資者都認為兆豐金 26 元是高點，並且幾乎都認定金控股的股價還會繼續下挫，還有人勸我多等等，不要一次加碼太多。但如今 25 元的兆豐金卻早已成為想都不敢想的打折價。

　　2 年半以來，我除了繼續買進兆豐金，也將領到的配息再投入。2021 年 7 月 20 日再打開這個帳戶的對帳單，市價漲到 32.8 元，庫存則從 148 張滾到約 175 張，帳上損益也從虧

損 14 多萬元變成獲利約 109 萬元。

2018 年 10 月恐慌時,大俠敢大買兆豐金的原因,基本上就是對這家金控的市場地位和優勢很有信心。同時我也觀察到兆豐金當年的獲利表現還不錯,當時已經知道 2018 年 1 月～9 月累積每股盈餘(EPS)是 1.69 元,優於 2017 年同期;就算接下來再怎麼不好,全年 EPS 也有 2 元以上的實力,因此大俠推測應該可以配出 1.65 元以上的股息,反推股價,在除息前恐怕可以漲到 33 元。

因為有了基本面的分析,所以大俠就趁市場恐慌下殺時,持續買進了 100 多張兆豐金。

到了 2020 年 3 月又因為疫情,發生了大型的市場恐慌,「我 OK,你先買」可以說是當時最流行的一句話。大俠還真的趁 3 月疫情最恐慌的期間,陸陸續續買走了 173 張兆豐金,當年參加除息的張數來到 502 張。所以大俠一直覺得進場兆豐金根本不用什麼技術線型,只要聽到網友酸一句就買 1 張,可能比什麼 KD 指標 20 買,80 賣(詳見註 1)都還要準。

所以長期投資績優股最幸運的事,就是遇上被市場賣壓而錯

殺的好時機，恐慌絕對是長期投資的好買點。帳戶出現暫時性的帳上虧損根本不算什麼，只不過是當時股票被市場稍微賣超而已；但這並不代表公司的獲利有實質上的受損，所以此時買起來才會特別的輕輕鬆鬆、簡簡單單。也因為投入的是閒錢，遇上套牢也不會感到驚慌，專注本業就是讓我們能夠輕鬆投資的後盾。

所以呀，是不是覺得大俠的手法都很相近呢？幾乎都是平時用定期定額以及不定期不定額紀律買進，再趁恐慌的時候進場加碼布局。

長期投資最主要就是靠數年的長時間投入，不斷地將閒錢持續買進好公司或好的 ETF，持續參與市場；除了投入本金以外，還要能將股息再投入來放大資金擴大張數。

雖然一開始的報酬率不多，但經過幾年的股息再買入，張數增加的幅度拉大，獲利也不容小覷。更重要的是，這種投資策

註 1：KD 指標為技術分析派投資人常用的技術指標之一，數值愈高代表股價處在近期相對高點，通常以 80 為股價過熱的超買訊號，並以 20 為超賣訊號。因此有人會採取 KD 指標低於 20 時買進，高於 80 時賣出的操作方式，但此法也並非保證每次都能獲利。

略，很穩定很心安。

如果一開始建倉布局的時候，稍微遇上虧損就覺得自己被套牢了，那麼可能投資哪一檔結果都是一樣的。其實只要換個角度來想，如果擔心帳面虧損而不敢開始投資，那麼每年被通膨侵蝕的現金實質購買力，才真的可怕。

不過，前提還是要買好公司或是優質 ETF，要不然長期把錢放在營運向下、沒有競爭力的公司股票，損失的反而更多。

「重劍無鋒，大巧不工，40 歲前持之橫行天下。40 歲後，不滯於物，草木竹石均可為劍。自此精修，漸進於無劍勝有劍之境。」——《神鵰俠侶》

長期投資穩健的策略不需要什麼花招跟技巧，就只是「重劍無鋒，大巧不工」。投資慢慢來，比較快，生活知足就能常樂。

持續將股息再投入
4-2 養出複利印鈔機

　　如果問我，「買到了 32 元兆豐金（2886）之後套牢，該怎麼辦？」我的答案是「拿股息繼續買。」

　　如果問我，「買到了 27 元兆豐金之後該怎麼做？」我的答案還是「拿股息繼續買。」

　　雖然大俠很用心地分享如何計算兆豐金的合理買進價格區間，但長期投資兆豐金這種優質官股金控股，其實不需要這麼精算股價。只要公司價值沒有改變，就算一時買貴也沒關係。

　　雖然大俠也不斷鼓勵大家，股災恐慌時買進最划算，但意思不是只能在股災時進場，也不必堅持等到很便宜再買。假設曾經在股災時買過 18 元的兆豐金，之後它漲到 27 元時買不買？要是嫌 27 元不夠便宜，那就只能看它漲到 30 元以上，反而

錯過增加張數的機會。

與其一直等待股災、等待不知道何年何月來到便宜價格，還不如趕緊將一切的憂愁交給複利。

紀律買進，持股成本就會接近長期均線

「複利」是存股族強大的武器，而複利要怎麼產生？就是領到股息後，將股息再滾入買股。數年後，靠著資產孳息再買進的複利效果，進價成本的差異將會逐漸縮小，你也會漸漸淡忘當初擔憂的價格高低，不管當時是 32 元買還是 27 元買，都會像是一場過眼雲煙。

不懂得股息再投入產生複利，會硬生生少掉好多的多頭市場報酬。

長期投資不是拼抄底，長期投資只拼紀律、穩定以及複利，然後透過每年的複利，成本就會接近長期均線；為了做到這一點，定期定額可以說是最好的方法。

若喜歡自己選價格，只要股價在合理範圍，拿捏個大概就好：

股息發 1.5 元，你覺得 32 元可以接受，那就買進；

股息發 1.5 元，你覺得 29 元可以接受，那就買進；

股息發 1.5 元，你覺得 27 元可以接受，那就安心買進。

不需要等到極端值才進場；因為只要領個幾年股息去讓複利催動，這些差距一下就被撫平。

遇到股價貼息，反而可以入手更多張數

而領到股息之後，要在什麼情況買入比較好？

1. **迅速填息**：除息後兆豐金營運沒衰退，股價迅速填息。
2. **慘烈貼息**：除息後兆豐金營運衰退，導致股價慘烈貼息。

答案當然是情況 2，此時股息實質購買力比較強，可以買到較多的股票。

舉個例，大俠 2020 年 9 月領到股息約 83 萬元，如果兆豐金除息之後快速填息，並且在股息發放日之前就漲回波段高點 32 元，那麼 83 萬元的股息只夠我買進 25 張。但是如果除息後就持續貼息到 27.5 元，我就可以用 83 萬元股息買到

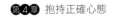

30 張，等於因為貼息而多買到 5 張。

所以每當除息之後，存股族面對貼息行情，可別覺得自己賺了股息、賠了價差；這時候反而要高興，因為這段期間正是股息購買力最強，可以用股息買到更多張數的絕佳時機。

兆豐金多是在 9 月初發放股息，投資人領到股息後，是不管當時股價多少都一口氣再投入呢？或是該分批買進？可以參考大俠的定期定額或不定期不定額買法。若選擇不定期不定額，建議觀察年初至今的累積每股盈餘（EPS）表現，若為成長，則分批投入到當年底；若為衰退，則分批投入到隔年 4 月。

為什麼？因為除息之後通常都會出現貼息；若兆豐金除息前獲利表現穩定，貼息狀況通常在隔年 1 月初公布自結 EPS 時就會結束，所以若能將資金至少分成 4 個月陸續投入，可以有效均攤買進成本。

若除息前獲利表現不佳，那麼除息後的股價下殺時間恐怕會更長，所以可以將股息分批成 8 個月，持續投入到隔年 4 月底，因為那時候股息到底要發多少就會出爐了，此時往往就會走出一波除息行情。

也有網友問，若除息前就知道當年獲利不會太好，也預期除息後很有可能貼息，為什麼不乾脆棄息，等貼息時再買回呢？

因為大俠的重心是放在累積張數、長期持有；除息後貼息是兆豐金的股性沒有錯，但是當前政府印鈔救市，市場有熱錢效應，天曉得除息後真的會慘烈貼息，還是會出乎意料的填息？要是這次一反常態而迅速填息，那我在除息之後能買回的張數會不會反而更少？

因此大俠寧可維持原有的投資紀律，「專注本業，閒錢投資」，並且將股息持續地投入市場，讓現金股利參加完整的市場報酬，這樣才更能將股息的複利能量徹底發揮出來。

掌握 3 重點，讓股息徹底發揮複利效應

「股息再投入」絕對是養出一台長期投資複利印鈔機的基本配備，還有 3 個重點是不可或缺的：

1. **持續投入至少 3 年的時間**：剛開始實施長期投資策略時，多多少少會經歷帳上虧損，要看到帳上持續呈現獲利的狀態，基本上需要資金持續投入 3 年以上的時間，過了 5、7 年就

會看到報酬率漸漸穩定。

2. 至少 10 年不動用的耐心：大俠不斷強調要用閒錢投資，閒錢務必是 10 年，甚至 10 年以上都沒有動用需求的才能叫做閒錢；心態上就當成是買一份違約金高到令人不敢隨時解約的長期儲蓄險就好，這樣就比較能夠忍受「長期投資」的孤寂，也可以想成是跟自己買保單來對抗通膨。

3. 不間斷投入的本金：在還未退休前，持續地精進本業，追求加薪，以求得更多能穩定投入股市的本金。而且在股價回檔、市場恐慌的時候，本業收入會是我們的底氣；同樣的本金，可以讓我們在低檔買進更多張數來布局。

養出複利印鈔機是一段心態上的磨練，因為大部分的價差投資人天天都想賺錢，一年開盤幾天就想賺幾天，但是過於貪心反而成了賠錢的最大主因。

當然有人會問說，現在開始存會配息的股票，但如果配幾年就不配息咧？

存股族沒這麼笨啦！我們會看過去數十年來穩定配息、未來

也有很高機率會存在於市場，並且持續配息的公司，當然也會觀察其在股災中的表現，不會去買那種愛配不配的公司。就像是優質官股金控兆豐金，數十年都穩定配發股息，我們投資它，把它當成是一台每年印 5% 鈔票的機器就好。股市大可不必忙著廝殺，存股就能享受賞花般的閒情逸致：

1 月：梅花開時，看一下全年度公司獲利。

4 月：桐花季時，董事會決議股息。

8 月：金針花盛，除息領息，吃柿餅。

一年四季，賞花賞月賞秋香，股票不值得你花太多心思。只要學會珍惜生活、學會股息再投入創造複利、投資務實公司，再務實地拿股息去買更多務實公司的股票，這樣還能輸嗎？

4-3 | 視現金流依賴程度選定投資策略

有一間預售屋還在蓋,等它蓋好還需要 3 年的時間;如果在 3 年之後賣掉,因為地段好,所以累積投資報酬率預期可達 24%。

另外有一間公寓,已經裝修完成,並且已有長期簽約的穩定房客;3 年後,在不考慮再投資的狀況下,房租的累積投資報酬率大約只有 15% 左右。

在資金有限的情況下,如果以上兩個投資物件只能選一個,你說投資哪間才好呢?這答案取決於你對現金流的依賴性。選擇預售屋,可能要數年後才能獲得資本利得,所以只適合目前還有其他穩定收入的工作者。如果是退休族,就要選擇確保有穩定收租來源的公寓,因為每月都能立即獲得現金流的入帳,才能保障退休生活的資金來源。

股市投資也很常遇到這樣的難題，有些標的具有成長性，有些標的則是缺乏成長但有較高的配息，而大俠認為最適合一般投資人的有 2 種策略：

1. 主要投資以大盤為主的 ETF：例如元大台灣 50（0050），可參與市場平均約 7%～ 8% 的市場報酬。

2. 主要投資有穩定配息可領的官股金控：例如大俠的核心投資標的兆豐金（2886），每年大約可領 5% 的股息收入。

以策略 1 的 0050 來說，買它就等於投資整個台股大盤，殖利率相對低，但是資產可以隨著整體市場一起成長。策略 2 的兆豐金則是殖利率相對高，但是資產成長力道也相對較弱。

投資人該選哪一種好？大俠個人是認為，小孩子才做選擇，兩種都買自然是最好。那麼在資金分配上，是兩種策略各自分配一半？或是 20% 買 0050，80% 買兆豐金？到底比率該怎麼抓才適合呢？同樣可以根據自己對於現金流的依賴性來去做選擇。

策略 1》追求資產成長，將資金投入大盤 ETF
適合：對投資現金流依賴性低，例如有本業收入的工作者

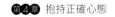

如果還在工作打拼的人，因為每個月都還是有本業的薪水持續流入，自然對於投資現金流的依賴程度就比較低。

所以在還不太依賴現金流的情況下，盡可能將資金投入在策略 1 的 0050 會比較適合，可以在堅持投資數年後，獲得較高的總報酬（資本利得＋股利收入）。

策略 2》追求穩定配息，投資官股金控
適合：對投資現金流依賴性高，例如無本業收入的退休族

如果是必須靠資產孳息過退休生活的投資者，在生活上自然而然會對現金流有高度依賴性，那麼將多一點資金分配給策略 2，確保資產波動相對穩定，同時現金流能支撐生活開銷，會是更實際的做法。

所以呀，資本利得 7% ～ 8% 的投資，或是可領 5% 股息的投資，這兩種策略沒有誰比較好或比較差，重點在於找出自己對於現金流的依賴性及獲利週期，就知道兩種策略的資金配置比例要怎麼分配了。

假設你認為自己目前對現金流的依賴程度較低，可先以大盤

ETF 為優先考量，利用整個大盤指數的成長來累積資本利得；
等資產累積到一定程度，開始要準備進入退休生活時，再漸漸
地將 ETF 轉換成以配息為主的標的。

　大俠目前是採取一半一半的配置。在股票上的資金，一半放
在賺取現金流為主的標的（如兆豐金），另外一半放在目標為
賺取資本利得的標的上。

　簡單來說就是：

　退休前，投資以大盤指數為主；
　退休後，投資以配息為主。

　有穩定薪資收入時，投資以大盤指數為主；
　靠現金流配息生活，投資以配息為主。

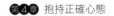

4-4 | 穩定追求 5% 報酬率 最終可能賺贏飆股策略

「大俠，每年賺幾％才能安然退休？」
大俠將右手舉了起來，比了個 5。
「是 50％？還是 500％？」
「是 5％。」大俠緩緩說道。

多年前的大俠，老喜歡追求 10% 或 20% 的短期績效；但是隨著本金投入愈多，對於績效的追求，卻逐漸轉變成平淡的 5% 年報酬。

《笑傲江湖》裡頭有一句話是這樣寫的：「一個人武功愈練愈高，在武林中名氣愈來愈大，往往性子會變。他自己並不知道，可是種種事情，總是和從前不同了。」

從前的價差投資策略，讓大俠在連假前對於留倉的與否，都

需要煩惱再三，更遑論不看盤的退休財務規畫。

從追逐高獲利到如今願意回歸穩定賺 5%，也許往後本金再更大些，大俠就會去追求只賺 4%，甚至只賺 3% 的配置。

大俠常在粉絲專頁裡頭談到 5% 的投資哲學，就是想要讓更多人知道，如何長時間從股票市場中取得合理的年報酬率。

5% 的投資哲學，指的不是投入一筆資金只能賺到 5%；而是把目標放在買進好公司股票，並將股息再投入，就算每年殖利率只有少少的 5%，也能夠在 14 年之後靠著複利翻出 1 倍的報酬率！如果再伴隨著公司的成長，股東分紅發放愈多，很有可能只要 11 年左右，就能提早達成資產翻倍的報酬率。

所以 5% 真的不只有 5%，因為在長時間的複利催動之下，財富自由其實並不遠，遙遠的只是要不斷克服人性罷了。

飆股不確定性高，一般人多不敢重壓

只追求平均每年賺 5% 的投資哲學，選股時自然就不會挑成長股，也不會去碰飆股。很多人就問過大俠，兆豐金（2886）

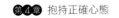

每年就是配那每股 1 元多的股息；如果投資本金有 1,000 萬元，為什麼不選一些成長股或飆股，不是可以賺得更快嗎？

成長股往往都是在成長的高峰期，大家才會發現「啊，原來它是成長股！」若股價成長太快，投資人能買進的股數也隨之減少；就怕最後只是報酬率好看，整體資金報酬也不一定高。

就算真的很有眼光，能在低基期的時候發現具有成長性的股票，一般人也很難敢於長期且大量壓入籌碼。有些飆股、成長股，大俠多多少少也有買過，但就是因為不確定因素太多，所以也只敢壓少少張數。報酬率是很好看，但是整體市值上升的速度，遠遠不如敢放大資金在穩健成長型的股票。

當然，大俠知道一定有這種高手，選對成長股、飆股，壓好壓滿，短時間內身家暴富好幾倍，一定大有人在。但古來征戰幾人回？同樣的案例同樣的手法，不見得能讓大部分的人長久獲利，因為這些方法還真的是難以複製。

尤其是每年每月都會有一批批剛到市場報到的投資新人，因為想模仿少數成功者的特例，想要靠投資快速賺到能財富自由的身家，所以急於追求速成的投資報酬率。但真相是，絕大多

數的人在急於追求速成的財富過程中，喪失了大把大把的資金，甚至還把準備買房、結婚、退休的積蓄賠了進去。

報酬率容易衝高的股票，因為投機成分比較大的緣故，投資人普遍都不敢投入太多資金去買；所以這類股票雖然看帳面上的報酬率可能會很高，但整體的資金效率、整體的資金市值增加的速度，可能還不一定比穩健策略還快。

簡單算算就知道，本金 20 萬元賺 50% 也只有 10 萬元，持有過程膽戰心驚，獲利了結後還得辛苦尋找下一檔標的。

但是本金 1,000 萬元，一年賺 5% 就有 50 萬元，「本小利大利不大，本大利小利不小」，便是這個道理；而且這個方法還可以每年不斷複製下去。

其實大俠認為，「自己」才是投資人該買進的第 1 檔成長股，每個人都應該把自己當成是會長期成長的績優股來看待；把主要的精神放在工作上，為自己增加本業收入。

至於想投資股票賺錢，只能先當成「業外」收入，並且要穩穩買進大盤指數或績優公司，這樣比較容易在長期投資上取得

合理的報酬。也正是因為投資方式的方法趨向穩健，所以才敢放大資金下去投資。

採取穩定的投資策略，下跌才敢大幅加碼

也有人剛開始存股時，很難忍受兆豐金股價的低波動性。就有網友問我，「大俠，存兆豐金好像是白忙一場，2019 年底股價 30 元，2020 年底卻在 29 元，真的悶。」網友這麼抱怨。

「你的資金是只有在 29 元和 30 元進場就沒了嗎？還是有趁 2020 年 3 月疫情恐慌順勢加碼在 26 元，或者是趁除息後外資殺盤一路買在 27 元底部呢？」大俠回。

「歐！對齁，有在殺到 26 元～28 元之間做大幅度進場。」網友回。

「那就對啦！你只要有趁殺盤時多加進場，那就不會有白忙一場這回事，頂多只是少賺而已不會大賠，所以你現在唯一該做的事情就是，安心等除息啦！」大俠回。

兆豐金不是成長股，但是我們存兆豐金就是很清楚它的股

性，也清楚它的市場地位與優勢，即使遇到景氣不好股價下跌，也敢於放大資金在底部大量布局；這樣景氣反轉後，整體的報酬會非常明顯。

「穩定」比「高報酬」更吸引大俠去執行。一個穩健的策略，搭配專心累積本金、務實本業，業外和業內的收入都能兼修。穩定策略的報酬率，對於平凡的我們，不僅讓我們在平時敢持續投入資金，遇上大跌更敢放大本金，再加上複利的效益，反倒能讓整體的持股市值增加更快，最終賺得也不見得比價差交易者追漲停板股票的策略還少。

畢竟，股市不是數學，股市是充滿人性的地方，穩定的投資方法能讓我們吃得下飯、笑得出來、晚上睡得著覺，也不需要常常費心找新的股票來買。只要將股息再投入就能讓它自己長大，生活何等愜意？這才是我想達到的輕鬆投資境界。

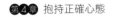

4-5 ｜ 集中或分散投資都能賺錢 真正的風險來自無知

　　跟朋友聊到集中或分散投資的問題，他說我們有些存股族喜歡集中持股，例如將資金集中在大盤 ETF 跟兆豐金（2886）、元大金（2885）上，不如他分散持股有做到風險控管。

　　「那你庫存有哪些分散標的？」我問。

　　「某某 KY、某某 DR、小型電子股。對了，剛剛還掛旭富（4119）想要來分散一下風險。」朋友回。

　　我心想：「廢話，你都買這種有風險的股票，當然要多個籃子分散雞蛋，而且到底有沒有認真研究過這些標的？這到底是分散風險，還是無腦買進一籃子的風險？」

　　大俠不是說 KY 不好，也不是說 DR 不好，這些股票代號有

英文字的股票當中，的確也有好公司。我的意思是，認認真真地研究股票股性、公司性質，才能真正地做到風險控管。

像是有人嫌棄從千元股王跌到幾十元的智慧型手機製造商宏達電（2498），但偏偏有人可以從宏達電上賺錢。之前最熱門的石油 ETF 下市，有不少人投資失利還組成自救會，但也有人曾經投資它獲利還買了豪宅。

用錯策略，再好的股票也會買到賠錢

要知道，投資標的從來沒有好壞之分，也不是別人說好就一定好，投資最重要的就是自己能否對於持股有把握？心態、觀念、格局能否跟得上？就好像是大俠最有把握的兆豐金，照樣有人能投資到虧損，鎩羽而歸。2018 年因為暴漲暴跌而被戲稱為妖股的被動元件龍頭股國巨（2327），還不是有一拖拉庫的投資客，可以玩到風生水起，換跑車、換豪宅？但同樣也有人靠國巨從豪宅換成「好窄」。

所以重點一直都不在於股票哪檔好？哪檔爛？核心永遠都在於你是否有能力把握，並且心態上不要因短視而患得患失、憂高憂低。

怪股票之前，怎麼不想想看自己是否像個巨嬰哭哭啼啼，搞不清楚狀況就來投資股市呢？

投資應獨立思考，集中買進有把握公司

做投資一定要有獨立思考的能力，選擇自己最有把握的公司並且堅守能力圈，才能放大資金下去，也才能抱得久。

一些個股有激情、有超額獲利，但是也有意想不到的風險；進場追可以，但要問問自己能有幾成把握？敢買幾張？敢放幾成資金下去？這些才是關鍵。

有些投資人的對帳單報酬率非常驚人，但他可能只有買 1 張；有些投資人的報酬率平淡無奇，但他可能買了近千張。專注本業壯大本金，找到穩定的策略打造細水長流的穩定獲利，這是當房東的投資思維。我常講，千萬別嘲笑房東的報酬率，他搞不好 1 個月的租金就是普通投資人的總市值。

投資的風險，永遠來自於「對持股的無知」以及「沒有做資金控管」，與持股該集中還是該分散無關，也與只鑽研 1、2 檔個股或是同時買進 20 檔以上股票無關。

千萬不要誤以為自己買進了一籃子股票，就當成是有做好分散風險了；當股災來臨時，可是有很大的機會讓好幾籃子股票同時往下殺。

與其買幾籃子自己都搞不清楚狀況的公司，為什麼不一開始就釐清自己投資的目的，以及鑽研最有把握的標的呢？因為在恐慌下殺時，通常也只敢加碼買自己最熟悉的公司，將資金有效率地集中在自己最有把握的幾檔公司上。

所以大俠認為，專注研究你最有把握的公司，持續投入資金；等到資金池壯大了之後，再去買進更多公司，或者是布局各樣的優質 ETF，也是一種分散風險的方式。

永遠要記得，風險永遠來自於自己「了不了解資金控管」、「了不了解這家公司」以及「了不了解整個資本市場的運作」，並不是買各式各樣不同的股票就叫做分散風險。投資是為了賺錢，不是為了分散風險。

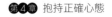

4-6 | 別怕他人批評 能賺錢就是真正贏家

長期投資金融股，很容易遇到各式各樣的批評，尤其大俠經常在網路上分享自己的見解，當然也容易接收到各方的評論。

最常遇到的批評是，「你們兆豐金（2886）又不是高配息。」

我通常會回答：「沒錯！兆豐金不是高配息，這檔股票殖利率只有 5% 而已。」

沒有高配息就沒有高配息，這本來就是事實，而且比當初理專推薦我的南非幣高息 8%、石油或者是一些新興市場的基金相比，兆豐金 5% 現金殖利率真的是大大不如。

還有，市場的資金輪動，經常會讓不同類股在不同時期上漲；而每當金融股的股價大漲時，就會有人喊出「金融股通常是台

股最後一棒」。別人對我們的指教，往往言論一出，又是互相爭吵的開端。我們也多多少少會遇到因為抓到飆股而獲利的投資者，對我們長期投資者冷嘲熱諷。

大俠要說，如果你覺得是最後一棒，那就大膽做空壓下去不就得了？這樣你能在短時間賺錢，我們長期投資人也可以同時買進便宜股票等待贏錢，不是一種雙贏嗎？

吵架筆戰，爭得面紅耳赤實在毫無意義，尤其是股市這種真金白銀的地方，最怕的是只有看法而沒有做法。多空行情都一定有人能夠賺到錢，下跌的時候空軍賺到錢，空方開心；多軍可以買便宜，多方開心，雙方賺錢和樂融融。

正所謂「不遭人妒是庸才」，當我們受到批評時千萬不要生氣，但可以去理解批評者的論述邏輯，多吸收批評跟指教，在激辯中找真理，因為透過各方不同的意見，能將我們的策略愈加鞏固以及完善。

其實投資所選擇的標的物本身都沒有錯，重點是策略，自己能不能熟悉它，並且賺到錢？因為賺錢才是我們唯一的目的。要知道股市投資一直都只有贏家與輸家，剩下的只是說三道四

的外圍專家。贏家的方法不在多，只在於會贏就好！贏家對於那些「專家」的意見，聽聽笑笑就好。

美國前任總統川普（Donald Trump），雖然有點大嘴巴，在任職總統期間，常常對股市發表看法，看法也總是令人極為匪夷所思，但是川普著實也帶來不少長期投資的好買點。

怎麼說呢？川普喊多，股市高漲，我們看戲；川普亂講話，股市震盪，我們就默默買進。如果你不喜歡他，那就反著做，川普喊多就做空，川普喊空就做多。就算是川普把股市泡泡吹得更大也無所謂，因為要是你覺得泡沫已在眼前，而且川普還好心吹得這樣明顯，這不就代表你更要趕緊布空單嗎？

投資門派各不同，為自己找到獲利之道

既然都來到了股市，就得展現出格局，也就是要利用各種蛛絲馬跡來賺錢；而非將個人情感影響到了投資，別忘記數鈔賺錢才是真理。

如同政治，每個人對於支持的候選人都各有立場。若候選人或所屬陣營的政見，未來很有可能幫你賺大錢，或能讓你得到

其他好處，讓你成為既得利益者，相信你就會把選票投給他。

最怕的就是，你根本搞不清楚這位候選人的政策利不利己，只是單憑輿論風向就被洗腦，最終有可能沒成為既得利益者，在派對結束時還得留下來幫忙洗碗。

政治就是去支持一個能幫你賺錢得利，並且跟你同屬性、能共享資源的候選人。投資也是一樣，市場上有各大門派，各門派的策略也往往是互斥的，有的看市場趨勢買股票，有的靠技術線型買股票，有的看基本面買股票……往往同一個時期，不同門派會做出完全相反的投資決策，但是他們都有本事賺到錢。只要你追隨的門派可以幫你賺到錢，可以讓你得利，就專心去做；去批評其他門派的方法，一點意義也沒有。

《孫子兵法》中說：「上兵伐謀，其次伐交，其次伐兵，其下攻城。」

面對外來的批評，主動回罵對方是最下等的做法，因為瞬間會把自己的層次降到跟對方一樣。人家批評我們，我們不用主動回擊，只要等待守城，專注做好能獲利的策略；等待時機，不攻則敵方謠言自破。

百戰不需百勝，百戰只需不殆即可。不需要口誅筆伐，因為罵完一個還有一雙，一雙罵完還有一打，在「嘴仗」的世界沒有停歇二字。就算遇到別人挑釁，也要懂得避戰，把重點拉回自己擅長的議題上，專注本業、務實投資。而且，我們的策略是讓大家都能獲利，根本不需要靠筆戰去證明誰對誰錯。獲利才是真實的，筆戰根本無贏家。

再說，別人嘲笑我們買金融股也沒關係，我還要鼓勵他，不僅要嘲笑，還要到處去嘲笑，最好還能對金融股布局空單；股價不理性的下殺，才能讓意志不堅的人趕緊拋棄手上持股，讓我們順利撿走他人穿不牢的泳褲。

著有《一個投機者的告白》系列暢銷書的作者科斯托蘭尼（André Kostolany）曾說：「撐過景氣循環：經驗告訴我股市中有 90% 是膽小鬼，最多只有 10% 是堅定者。」

在大俠認識的網友裡，有位大哥投資兆豐金的資歷比我還要資深許多，他說他當初抱兆豐金抱得很痛苦，從 20 元抱到 8 元，再從 8 元抱到 32 元。

多麼完美的微笑曲線，參與了 10 多年來的完整週期！多麼

堅定的持股意志，讓他得以收穫如此完整的報酬。

我還有個房東朋友，他的房客租的是一間小套房，平時會把錢拿來炒股票。那位房客曾經在 2020 年大多頭時問道：「房東，租金報酬率多少？才 2%，我隨便找個飆股就 100% 到 200% 了。」

100%、200% 到底是賺了多少？1 萬元變 2 萬元？10 萬元變 20 萬元？

要知道，房東資產孳息的 2%，可能是 50 萬元、100 萬元或 500 萬元，而且租金還能月月領、年年領。

永遠別嘲笑房東的租金報酬率，房東們雖然收租報酬率不高，但是他們 1 個月收到的租金，甚至是他們用來投資股票的股息，搞不好比普通人的身家還多。

在市場裡多會寫文章批評別人是沒有用的，永遠有比你賺更多、身家是你千百倍的成功投資者。投資的意見交流，務必以和為貴，樂心助人，專心於自己的投資獲利便是。

4-7 | 股息收入達到生活開銷 2 倍可視為財富自由境界

存股要存到什麼境界，才能財富自由？

財富自由有分啦！早餐店奶茶隨便買的財富自由？還是出國隨便玩、飯店隨便住、到購物商場隨便買的財富自由？抑或是隨便買台北市信義區房地產的財富自由？

大俠一直認為一般人很難達到真正的財富自由，因為每當財務水平只要達到一個新境界後，馬上就會有新的需求等著我們去買單。就像是原本月薪 3 萬元，每月消費 2 萬 5,000 元，可存下 5,000 元；當月薪提升到 5 萬元，每月消費很有可能不會停在 2 萬 5,000 元，而是會向上提升到 4 萬 5,000 元，還是只能存下 5,000 元。

真正渴望財富自由的人，月收入提升之後，會控制自己的消

費水平不要同步提高，逼自己存下更多的錢當作投資的資本。也有人會適當地提高消費水平，但是也同時努力往月收入 10 萬元、30 萬元向上奮鬥，不斷挑戰自己並且提高自己的能力，有動力、有目標、有方法，積極地朝財富自由目標前進。

因此財富自由能否成功的關鍵，很多時候是取決於自己是否擁有獨立思考的能力，讓自己能跟欲望相處，做出不失財務平衡的理財策略；有了這個條件，更有助於自己透過本業收入搭配投資工具，往心目中的財富自由境界前進。

透過 2 項生活觀察，設定合理財富自由計畫

財富自由要存到多少資金才夠呢？看新聞報導說需要 1,000 萬元、2,000 萬元？我想這沒有一定，新聞也只是取個平均值，而真正的金額大小絕對是因人而異，取決於自己夠用的程度。

大俠認為的財富自由境界，就是「股息能 Cover 365 每一天」，概念就是只要能夠透過被動式的股息收入，去 Cover 生活一切所需以及再投資的資金，那就是達成了被股息所 Cover 的 365 天。

　　那麼股息要多少才夠？常常聽人說 4% 法則、25 倍法則，我覺得這對於一般人而言還是太複雜了，建議就直接把「股息除以 365」吧！將股息切成 365 份，然後觀察每一份股息是否能真正 Cover 到每一天的 2 倍，也就是股息至少要一半能夠 Cover 生活所需，一半能夠 Cover 再投資。

　　「2 倍？為何需要 2 倍，太高了，我達成不了。」網友說。

　　大俠建議你千萬別這樣想，退休是要「夠用」可不是「堪用」！因為未來有太多未知數。你準備的現金流真的夠維持生活嗎？生活緊急預備金夠嗎？遇到股災時有足夠的現金流可以逢低買進嗎？

　　比方說，年度生活成本需要 150 萬元，千萬別在被動收入剛好達成 150 萬元時就衝動想退休。「通膨」乃是被動收入最大的敵人，生活中還有置產、老年疾病、緊急預備金、育兒……等未知因素等著你去面對。尤其是千萬別忽略養小孩的資金威力，生兒育女的成本上升速度，肯定會比每年股息增加的速度還快。所以至少要有一半可以 Cover 生活，一半還能繼續再投資，才能讓股息一年比一年多，去應付愈來愈高的生活成本。

　　大俠還想提醒，有人喜歡畫出人生財務規畫表格，並且設立夢幻的目標，期待自己能按照表中規畫的進度達標。可是你有想過這張表格的成功機率有多少嗎？大家常常忽略了，規畫的時候往往想得非常完美，但真正實作時就會發現當初欠缺周詳評估，因為我們很難算到人性的部分，導致計畫不如預期。

　　人性通常會在高點得意忘形，也會在低點時忘記初衷。這也是為什麼很多投資者在 2020 年股災前，信誓旦旦地認為自己可以長期投資 10 年，結果 3 月一來台股連續崩跌，還是嚇得倉皇逃生砍在谷底。

　　一開始就不要先去設計不合理的計畫，大俠建議先做簡單的生活觀察：

　　1. 日常生活的記帳不可少，這樣才能夠記住自己或家庭生活的成本。
　　2. 每年記錄被動收入的「一半」能不能 Cover 生活，這樣就可以輕鬆找出適合自己的 Cover 門檻。

　　也就是說，假設每年生活成本 150 萬元，那麼被動收入要在 300 萬元以上，才能安心離開職場；在還沒有達成抵抗通

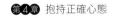

膨的自由人生之前,就認真上班,「專注本業,閒錢投資」。

　不過說真的,退休的自由人生,並不代表著就從此不動了或是不工作了,只是代表自己可以擁有更多的時間,有更大的自由去選擇生活。例如,可以改做一些沒有爆肝危機、相對輕鬆的工作,或者去當自由創作者,做自己喜歡的工作,維持規律的運動與平衡的生活,持續學習進修。活著就是繼續奮鬥、繼續學習以及繼續執行利己利人的事情。

　要隨時保持危機感,考慮到被動收入可能會不夠用,也要有投資市場可能出現大波動的心理準備。要知道,資本主義社會的生活成本,永遠有可能以超乎預期的幅度往上升;所以在這人生漫長的旅途上,永遠都別失去了謀生的能力,讓自己永遠擁有競爭力,才是真正的自由人生。

　保持競爭力,才是自由人生的最佳姿態。

4-8 投資需同時專注本業 最賺錢的投資標的是自己

有人問，「大俠，你投資到現在，哪檔標的最賺錢？」

「自己。」大俠語畢。

誰說投資只能買別人家公司的股票呢？一般人以為投資只有股票，甚至辭去工作來炒股，可是大俠認為，「自己」才應該是第 1 檔最該投資的標的。把自身的條件提升，把自己當成是績優股來看，才是在市場上能長久獲利的方法。

投資自己，穩賺不賠。

大家都很好奇大俠為什麼可以這麼快存到好幾百張兆豐金（2886）？其實，從 0 到 1 張，我花了 7 年；從 1 到 500 張，我花了 3 年。

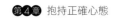
前 7 年我在本業下苦功，週一到週日工作存錢，投資自己事業的價值；後 3 年，買兆豐金速度就快了。所謂 10 年磨一劍，投資自己讓自己複利起來，是我能快速存股的一大祕訣。

所以，大俠不斷強調「專注本業」，因為本業的收入，也是長期投資的一環。在還沒有財富自由之前，我們都應該更著重於實業上的精進，以及穩定的資金來源。投資不只是股票上的事，不管是自己的專業技能也好、身體健康也好，投資這些都是穩賺不賠的。

就拿兆豐金來說好了，近幾年它 1 張的價格不過就是 2 萬多元到 3 萬多元；投資人買進 1 張兆豐金，每年大約可以領到 5% 的配息。

如果換個角度來思考，一個無業的投資人，如果花 3 萬元去學習一門技能，比方說程式設計、外語、美髮、美甲、化妝等諸如此類能幫助個人工作的進修課程，又或者是工作之餘兼職的基礎知識。我相信，這些投資在自己身上所帶來的利潤，絕對遠超過你買 1 張金融股帶來的股息。假設 1 張金融股 1 年能為你帶來 5% 的報酬率，投資自己，卻可能會讓你獲得 1 年 50% 或是 100% 的收入成長。

本業收入是股災時最厚實的底氣

　　在大俠的心中，台積電創辦人張忠謀是真正的專注本業之王，因為他把公司經營成世界之最，用心舉才、知人善任，打造出偉大事業的版圖；他也長期持有自己創辦公司的股票，並且完整參與市場、完整複利。

　　每年在過年前，總是會有網友問，「要不要抱股過年？」大俠總是回：「你覺得 10 大股東會不會抱股過年？」我相信，張忠謀先生在經營本業的生涯當中，也絕對不會有過年前要不要賣股票的問題（當然身為公司經營者時，確實也必須持有一定的股份）。

　　投資必須要懂得換位思考，要站在大股東的角度來去想，那就如同「站在巨人的肩膀上看天下」；當你長期投資的公司能夠持續務實經營，源源不絕地帶來盈利，那麼短暫的股價波動就沒有理由造成困擾。

　　在投資路上，永遠都要記得自己的本業是什麼，要用心賺取本業的收入，別老想若錢會從天上掉下來。當工作或創業幾年，攢到了一筆積蓄可以用來投資，也別因為投資看似小有獲

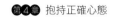

利，就輕忽了維護本業的重要性。

　　不論你的投資多麼順利，都別忘記要專注本業、做到極致，極力向無可挑剔的境界邁進。穩定的本業收入，絕對是你在股災中或大回檔時，最厚實的底氣。所以大俠永遠認為，投資最重要的第 1 步，就是投資自己。你得先讓自己成為績優股，才會有能力買進更多的績優公司。

　　而買好公司產生股息，股息再生出更多的複利，那麼讓複利更長久的關鍵在哪？那就是「健康的身體」；活得愈久，複利紅利也更長久。

　　凡是能成就大事的人，無非都是每天多操練自己一點，才能在有限的人生長度裡，盡可能開闊自己人生的廣度。

　　我們在盤中維持不定期不定額、定期定額的紀律，而在盤後維持跑步、重訓等運動的規律；只要堅持到底，就能得到健康及複利帶來的好處。

　　愈是健康的人，愈是容易有更多的時間來擴大複利帶來的效果；要知道，時間是散戶最強大的武器，有健康的身體再去打

造厚實的本業，健康的活到老，用時間讓複利愈滾愈大，這幾樣相輔相成，才能讓自己在長期投資路上走得更長久。

掌握 3 件事安排重大支出，兼顧所有財務需求

除了專注本業之外，大俠也一再強調閒錢投資的重要性。就有投資人問，除了日常基本開銷，結婚生子、投資、買房、買車、娛樂也都很重要，但是每個月的收入就是很有限，要怎麼兼顧所有的需求？大俠認為有 3 件事是關鍵：

1. 要懂得排出人生的順序。
2. 要做好財務規畫。
3. 要願意延緩享受。

如果只是單純因為想早日達成夢想就衝動貸款，借 20 年、30 年的房貸，借信用貸款去辦豪華的婚禮，借車貸去買「豪車」，且金額超過自己能力所及，可想而知，財務就會被軋得死死的，每月可支配的閒錢餘額被挖空。從此，你的工作與生活就沒有多餘的彈性，很難不為現實中的柴米油鹽所妥協。

同時你也將變成老闆最喜歡的那種員工，不得不對老闆的話

言聽計從；因為這時候你不能沒有收入，也根本不敢創業、進修再造、轉職，不能冒任何失去工作的風險，因為你需要收入還貸款。

如果想讓人生多一點彈性，就要做能力所及的事，也就是把財務規畫做好，等還款能力更有餘裕的時候，再去規畫大型的支出或貸款。不管是買房、買車、買奢侈品享受，先後順序都要符合自己的財務規畫，這些都值得我們一再思考。

像有些人從念書、進修到工作一路平步青雲；但也有些人畢業後選擇先工作，再思考是否要回校園念書。走哪條路都行，最重要是找出最適合自己個性的順序。就算是玩牌玩大老二，同樣的牌型，也會因出牌順序不同，導致最終的勝負也不同。

如果你只是跟著常規走，順著父母、長輩以及社會認為該有的樣子過，那麼很容易就走向平庸。人生的關鍵，就是得找出自己的路，給它狠狠走上一回。

最後順帶一提，想要將本業做好，絕對要好好的利用「時間」，能夠善用時間就能養成紀律。要知道，時間花在哪裡，成就就在哪裡；每個人 1 天都只有 24 小時，時間對於大家

都是公平的。有時候，成功與失敗之間的分水嶺，就在於人是否懂得有效率地管理時間。

有些人總抱怨著工作繁重、上級不公，導致加薪升職無望；卻沒想到自己每天上工總是姍姍來遲，動不動就跟同事聚在茶水間聊八卦，導致每天到下班都沒有完成工作，然後抱怨老是得加班，嫉妒那些準時下班的人。

當事情做不完，晚上被強迫加班，然後沒辦法睡個好覺，以至於隔天上班沒精神，就會陷入時間效率差的死胡同；這樣的人，因為無法善加管理時間，自然也很難養成紀律。每天都想著要減重、要健身、要改變，卻日復一日地重複當前的生活；唯一有做到跟運動有關的事，大概就是對著社交軟體上因為每天晨跑鍛鍊出好體態的朋友照片按讚。

君子慎獨，成功不是一蹴而就，在沒有人監督的情況下，也能夠管理自己、管理時間、堅持完成目標，這是所有能在工作上取得成功者的共通特質。

中國近代著名的文學家魯迅先生就說了，**「哪裡有天才，我只是把別人喝咖啡的時間都用來工作了。」**

結語 | 領股息絕不是左手換右手

　　整本書看到這裡，相信你對於「股息 Cover 每一天」開始有一些信心了。不過大俠也知道，許多對股息不以為然的人，總愛說除息當天，股價會被減去股息金額，根本只是把股東的錢「左手換右手」。大俠想講 2 個故事：

故事 1》農夫

　　一棵果樹，價值 3 萬元，好山好水細心栽培 1 年後，能生出價值 3,000 元的果子，而此時這棵果樹含果子，總價值約 3 萬 3,000 元。農夫賣出果子，收割那 3,000 元，並且細心照料這棵果樹，等待著明年、後年……果樹繼續結果。

故事 2》房東

　　公寓 1 間現值 3,000 萬元，每年可收 90 萬元租金，房東跟租客約定好在 9 月初，一次收齊整年度的房租。隔年 8 月底時，

公寓假設增值到市值 3,200 萬元，再加上要收的租金 90 萬元，
總價值是 3,290 萬元。到了 9 月初，房東如實收到租金，公寓
市值仍然是 3,200 萬元。

你會說，房東收到的租金，只是左手換右手嗎？應該不會。

而且以上兩個故事，還沒考慮到隔年可能因為果樹的多產而
增值、房產價值的上升，如果這兩個因素加入進去，恐怕整體
收益還會更多。

果樹和房產也都是印鈔機，農夫和房東只要不缺錢，基本上
是不會隨意賣掉印鈔機資產的。

透過這 2 個簡單的故事就可以明白，為何參加除息不是左手
換右手了吧？摘完水果，果樹還在；收了租金後，房子還在。
我們領的「息」就是公司每年賺來的獲利呀，你說是吧？

會認為股息是左手換右手，通常是只想參加一次除息，並且
在除息後就打算賣股的投資人才會有的心態。左手換右手的說
法如果成立的話，就以中信金（2891）來說，假設 19 元買進，
每年配 1 元股息，難道 19 年後中信金會因為每年除息，最後

股價歸零嗎？

股價減去股息的「除息」措施，只是為了確保在除息日前後買股票的投資人，擁有一致的權益；除息之後股價會漲會跌，都會回到市場機制，回到市場認為它應該有的股價水準。

所以就算是除息前一天才買進的投資人，在除息之後遇上了貼息也別緊張，那是因為你尚未參與到完整的市場報酬，貼息是很正常的事情。接下來，只要慢慢等待就好，專心生活、專注工作、好好睡覺、按時吃飯，獲利結構良好的公司，就會自動填息囉！

而早已布局好幾年的長期投資者，早就搭上優質公司獲利所催動出的複利列車啦！根據個人持有成本計算，「立馬填息」或「提早填息」都是輕輕鬆鬆簡簡單單。

如果硬是認為股息是左手換右手，堅持不願意參加除息，那就只能靠著做價差賺錢了；必須能做到低檔買進→高檔賣掉→低檔順利買回來，才能確保持續賺到價差。要不然一個不留神，將原本持有的 500 張股票賣出，但賣出後市場又上漲，讓實質購買力下降，再回頭買進時很可能總張數只剩下 487

張左右。

正確的投資方式就是完整參與市場，而看現在這價位已經不錯了，依然不敢下手，那你怎麼能做好價差呢？左手不先伸出來，明年要如何換到右手呢？

大盤的指數上上下下，我們凡人無法預測，但是千萬要記得一點，雖然市場有空頭有多頭之分，但是只要耐心持有好公司的股票，市場必將給你完整的報酬。

所以想要在股市投資上賺到錢，務必要有至少投資 5 年以上的準備。5 年其實也只能算短期，真正的長期投資者，應該要用 15 年或 30 年以上的眼光來布局才行。

所以大俠才會這麼強調投資務必要使用「閒錢」，因為夠閒才能等出獲利，因為夠閒才不會讓人有壓力。空頭來襲時，我們才不會因為缺少現金流而被迫砍股，更慘的是被迫砍在「阿呆谷」；或是在迎接多頭時，也不會因為缺乏現金流而被迫賣出，導致無法參與完整上漲行情。

務必耐心長期持有，直到市場經濟從谷底反轉復甦為止，如

此投資態度才會讓人勝利。

出手投資前，先釐清自己為何而買

不管你認不認同大俠長期存股的投資法，當你打算投資任何一檔股票，自己在進場前就要先想明白、確定自己為什麼選這檔股票？要用什麼投資？千萬不能人云亦云。

就像是很多人問大俠，兆豐金（2886）這幾年都只配現金股利，為什麼我不去選擇有配股的股票來長期投資？

因為大俠深知，自己已經錯過了金控公司最美好的配股時光。要知道，配股是公司將獲利轉為股票，讓整體的資本愈來愈大。而大部分金控經歷過去多年的配股與資本膨脹，資本額已經相當龐大，要是獲利沒有跟上資本膨脹的幅度，就會影響每股盈餘（EPS）和每股配發股利的表現。所以接下來各家金控的配股會愈來愈少，未來的股利政策趨勢更會傾向於全配現金的方式。

一旦未來所有金融股都採取股利全配現金的政策，那麼有能力配發較高現金的股票，想必會受到更多人追逐；到目前為止，

兆豐金配現金的能力都是金控股當中相對強而穩定的，這也是大俠會挑選兆豐金長期布局的其中一個重要原因。

這就是知己知彼，方可百戰百勝的策略，知道自己的優勢以及切入時機，才不會追逐過熱的股票。

其實講了再多，再來一次恐慌，恐怕還是會刷掉一堆人。不過這就是人性，之後等恐慌到來時，記得在臉書搜尋「大俠武林」，你會在這邊遇到一群擅長撿走別人穿不牢泳褲的人。我們不僅有理論，這理論策略還能實作賺錢，而成交紀錄也會在交易當天就貼出來。因為成交單遠比對帳單還真實，對帳單可以作假，獲利可以調整，但是當初買進的時間是無法做事後更正的，畢竟股市就是真金白銀的地方，不是拿來作文比賽。

投資光靠唬爛是賺不到股票錢的，除非你是公司董事長，倒還可以靠唬爛來坑殺慘戶；或者是披著網紅外衣的投顧老師，靠著唬爛吸引韭菜資金來倒貨。

沒有任何人願意承認自己被唬爛而被騙，因為講出來只會讓自己面對智商堪慮的面子問題，難怪唬爛行為才能一直盛行並歷久不衰，而且也沒多少人能看出真相。

長期投資新手選股，官股金控是入門標的

大俠投資金融股的時間並不是非常久，頂多從 2017 年開始；而在 2017 年以前，都是在操作波段停利的台積電（2330）跟元大台灣 50（0050）。那為什麼要轉到金融股呢？

因為玩了老半天，才發現自己雖然有賺錢，但是一直以來張數不但沒有增加，還持續減少。試想，30 張台積電買在 200 元，賣在 250 元，但後來漲到 300 元，根本買不回同樣的張數；這樣操作下來，不僅讓張數減損，還讓長期投資效益變差了，所以才又找出一套合乎自己性格的方式來進行投資。大俠也曾經測試過 3 年，進進出出買賣 0050，最後也是白忙一場，還不如長期持有來得好。

投資人只要想通了長期持有的兩件大事：「個人式填息」以及「個人持有成本殖利率」，就會比以往更願意執行長期持有的投資策略。

練習長期投資，可以先選最簡單入手的官股金控來操作，主因也是官股金控在台灣是特許行業，所以每年都會有固定的規則可以被抓出來寫成 SOP，也就是所謂的慣性。

　　而找到慣性才是擴大獲利的關鍵，透過長期投資獲得完整市場報酬是基本獲利，但想擴大獲利，就要敢在底部擴大布局。能在微笑曲線底部大量投入資金，肯定非常熟悉這檔股票的股性；只要對於股性夠熟悉，無論幾百萬幾千萬元都敢放膽投入。

　　所以不要老是看到人家報酬率高就心生羨慕，報酬率不能吃，市值才能吃。去買房置產時，業務不會問你投資報酬率要多高，而是問你準備了多少錢？有多少預算？投資就是要做有把握的策略，才能敢做大資金的布局，讓整體資產複利增長。

　　你應該也會發現，這本書幾乎都聚焦在如何買股票，談如何接外資的刀並且在底部做布局。長期投資不是不能賣，而是時機未到，也許在下一本書就會談到如何把貨倒給外資；但在下一本書出來前，也許一直都遇不到倒貨給外資的良好時機，所以一切就先看市場怎樣走囉！

　　不過，再三強調，大俠最希望的持有週期是一輩子，因為賣掉再買回或是再換股是件很煩惱的事情。

　　大俠投資兆豐金的策略是「能不換，就不賣」（兆豐金持有張數紀錄詳見圖 1）。當你真的很想要賣出換股，或是買賣賺

圖1 大俠持有兆豐金張數從45張到600張

2018年

2019年

價差，也千萬不要只憑自己的直覺，而是要理性分析；賣出到底是為了置產？還是急需現金流？或者有更好的標的出現？

如果你投資的是其他股票，也一定想清楚你要賣出的理由，「當初買進的原因消失了」，才是唯一可以賣出的時機。 講這麼多，整本書的關鍵也就是在講這 24 個字：

專注本業，閒錢投資；
資金控管，分批進場；
找到週期，逢低布局。

——大俠武林持有兆豐金（2886）張數變化

並且在市場行情不好時，對優質公司雪中送炭，以逸待勞，然後股東躺著賺。最後，希望讀者都能早日體驗到貫穿整本書的這句話：

願股息能 Cover 到咱們 365 的每一天。

大俠武林

兆豐金投資行事曆

月份	重要時程	
每月	**10日左右**：各家金控月報公布，可得知公司自結EPS	
1	**1月10日**：公布去年12月的自結EPS	
2		
3	**3月31日前**：公布去年Q4季報以及去年的年報	
4	**4月中**：最後過戶日、融券最後回補日 **4月底**：兆豐金董事會召開，正式宣布股利、股東會日期	
5		
6	**6月下旬**：召開股東會	
7		
8	**8月10日**：公布7月的自結EPS **8月上旬**：除息	
9	**9月初**：發放股利	
10		
11		
12	**12月初**：多可查詢到財政部隔年的預算書，從中得知兆豐金預計繳庫的現金股利金額 **12月中旬**：公布各家金融股分紅獎金以及員工紅利發放情況 **12月底**：平安夜外資放假睡覺睡到年底	

投資人該做什麼？

記錄公司自結月EPS，並自行加總1月至當月的累計EPS
1.獲知去年12月的EPS後，據此累計得知去年全年EPS並推算現金股利 2.若去年公司獲利優於前年，接下來多會展開漲勢，此為除息後第2段填息
正式確認去年全年EPS
1.依現金股利推算合理股價 2.股價進入第3段填息，為填息行情末升段 3.想參加除息的投資人多能在4月前買到相對低的價格
留意公告除息日及股利配發日程
觀察1月到7月的累積EPS是否勝過去年同期累積，判斷是否參加除息
除息後，股價多會下跌一段時間，並出現貼息賣壓
1.確認領到股息，需擇日將股息再投入增加股數 2.如果公司累積獲利表現不錯，股價多有一波上漲，展開除息後第1段填息
根據兆豐金預計繳庫的現金股利，以及財政部持有兆豐金股數，初步推算兆豐金隔年可能發放的現金股利
可觀察出今年業績是否達標
對於12月下旬出現外資結帳賣壓，保持平常心，長期投資者亦可趁機於低檔布局

國家圖書館出版品預行編目資料

股息Cover（照顧）我每一天：600張存股達人絕活
全公開/大俠武林著. – 一版. – 臺北市：Smart智富
文化, 城邦文化事業股份有限公司, 2021.08
　面；　公分
ISBN 978-986-99847-9-9（平裝）

1.股票投資 2.投資技術 3.投資分析

563.53　　　　　　　　　　　　　　110011510

Smart 智富

股息Cover（照顧）我每一天
600張存股達人絕活全公開

作者	大俠武林
企畫	黃嫈琪

商周集團	
執行長	郭奕伶

Smart 智富	
社長	林正峰（兼總編輯）
總監	楊巧鈴
編輯	邱慧真、施茵曼、林禹盈、陳婕妤、陳婉庭 蔣明倫、劉鈺雯
協力編輯	曾品睿
資深主任設計	張麗珍
版面構成	林美玲、廖洲文、廖彥嘉

出版	Smart 智富
地址	115 台北市南港區昆陽街 16 號 6 樓
網站	smart.businessweekly.com.tw
客戶服務專線	（02）2510-8888
客戶服務傳真	（02）2503-6989
發行	英屬蓋曼群島商家庭傳媒股份有限公司城邦分公司

製版印刷	科樂印刷事業股份有限公司
初版一刷	2021 年 08 月
初版四十五刷	2024 年 09 月
ISBN	978-986-99847-9-9

Smart智富 讀者服務卡

為了提供您更優質的服務，《Smart 智富》會不定期提供您最新的出版訊息、優惠通知及活動消息。請您提起筆來，馬上填寫本回函！填寫完畢後，免貼郵票，請直接寄回本公司或傳真回覆。Smart 傳真專線：（02）2500-1956

1. 您若同意 Smart 智富透過電子郵件，提供最新的活動訊息與出版品介紹，請留下電子郵件信箱：

2. 您購買本書的地點為：☐超商，例：7-11、全家
   ☐連鎖書店，例：金石堂、誠品
   ☐網路書店，例：博客來、金石堂網路書店
   ☐量販店，例：家樂福、大潤發、愛買
   ☐一般書店

3. 您最常閱讀 Smart 智富哪一種出版品？
   ☐ Smart 智富月刊（每月 1 日出刊）　☐ Smart 叢書　☐ Smart DVD

4. 您有參加過 Smart 智富的實體活動課程嗎？　☐有參加　☐沒興趣　☐考慮中
   或對課程活動有任何建議或需要改進事宜：

5. 您希望加強對何種投資理財工具做更深入的了解？
   ☐現股交易　☐當沖　☐期貨　☐權證　☐選擇權　☐房地產
   ☐海外基金　☐國內基金　☐其他：

6. 對本書內容、編排或其他產品、活動，有需要改善的事項，歡迎告訴我們，如希望 Smart 提供其他新的服務，也請讓我們知道：

您的基本資料：（請詳細填寫下列基本資料，本刊對個人資料均予保密，謝謝）

姓名：　　　　　　　　　　　　　性別：☐男　☐女

出生年份：　　　　　　　　　　　聯絡電話：

通訊地址：

從事產業：☐軍人　☐公教　☐農業　☐傳產業　☐科技業　☐服務業　☐自營商　☐家管

您也可以掃描右方 QR Code、回傳電子表單，提供您寶貴的意見。

想知道 Smart 智富各項課程最新消息，快加入 Smart 自學網 Line@。